Alexander von Humboldt (1769-1859), der »deutsche Columbus« und große Naturforscher des 18. und 19. Jahrhunderts, wissenschaftlicher Entdecker Lateinamerikas, Besteiger des Chimborazo und der letzte Universalgelehrte Europas. Er war der Glücksfall eines deutschen Europäers und Kosmopoliten, der die Ideen der Französischen Revolution, die Vorstellungen von Freiheit, Gleichheit und Brüderlichkeit zu seinem Lebensinhalt machte und sich auf die Seite der Unterdrückten stellte. Mit erstaunlicher Weitsicht formulierte er die Konsequenzen der modernen Zivilisation. Seine Gedanken über Freiheit, Menschenrechte und die Widersprüche des Fortschritts sind am Beginn des neuen Jahrtausends von geradezu brisanter Aktualität.

insel taschenbuch 2521

Alexander von Humboldt

Über die Freiheit des Menschen

Alexander von Humboldt

Über die Freiheit des Menschen

Auf der Suche nach Wahrheit

Herausgegeben von Manfred Osten

Insel Verlag

5. Auflage 2017

Erste Auflage 1999
insel taschenbuch 2521

Vertrieb durch den Suhrkamp Taschenbuch Verlag
Satz: Hümmer GmbH, Waldbüttelbrunn
Printed in Germany
Umschlag: hißmann, heilmann, hamburg
ISBN 978-3-458-34221-2

INHALT

Tagebücher

Briefe

Vorwort

»Und am Abend, mein Lieber, werden wir die Bifurkation des Orinoco mitmachen...«

Peter Handke, Mein Jahr in der Niemandsbucht

I

»Humboldt las gewöhnlich vor, oft stundenlang. Eine Lebensbeschreibung von einem französischen Gelehrten oder Baumeister, die keinen Menschen als ihn interessierte. Niemand hörte ihm zu, aber er hatte doch das Wort. Die Königin nähte in einem fort an einer Tapisserie und verstand gewiß nichts von seinem Vortrage. Der König besah sich Bilder – Kupferstiche und Holzschnitte – und blätterte möglichst geräuschvoll darin, in der stillen Absicht augenscheinlich, nichts davon hören zu müssen. Die jungen Leute seitwärts und im Hintergrund unterhielten sich ganz ungeniert, kicherten und übertäubten damit förmlich seine Vorlesung. Die aber murmelte, ohne abzureißen, fort, wie ein Bach.« Die Rede ist vom damals schon fast neunzigjährigen Alexander von Humboldt. Und der da so despektierlich-scharfzüngig über ihn und die Abendgesellschaft am Potsdamer Hofe Friedrich Wilhelms IV. berichtet, ist Bismarck. Er tut es im über zehnjährigen Rückblick; er erzählt diese Reminiszenz seiner Entourage während jenes Deutsch-Französischen Krieges, dessen für Deutschland so siegreicher Verlauf für Nietzsche »die Niederlage, ja Extirpation des deutschen Geistes zugunsten des deutschen Reiches« bedeuten wird.

Dabei war es noch gar nicht so lange her, daß man in Preußen, ja, in Europa über Alexander von Humboldt noch ganz anders gedacht hatte. Im jetzt von Preußen besetzten Paris war er 1804 – nach der Rückkehr von seiner fünfjährigen Lateinamerikareise – bejubelt und bestaunt worden wie ein vom Mond zurückgekehrter Kosmonaut. Er hat soeben den – nach damaliger Vorstellung – höchsten Berg der Welt bestiegen, den Chimborazo. Er hat – mit dem französischen Botaniker Bonpland – Urwälder durchstreift, hat unerhörte Abenteuer bestanden. Und was er nun – in makellosem Französisch – in den Salons, in Institutionen der Wissenschaften und bei öffentlichen Veranstaltungen über seine Forschungsreise durch den so unendlich fernen Kontinent zu berichten (und in einer ersten Ausstellung seiner Sammlungen und Zeichnungen im »Jardin des Plantes« auch zu zeigen) weiß, das ist von einer so betörenden Exotik und Faszination, das erregt einen so überwältigenden Beifall in der gesamten gebildeten Welt, daß für den einzigen noch berühmteren Mann Europas, Napoleon, offenbar keine andere Reaktion denkbar ist als der Neid. Droht doch dieser gutaussehende junge Deutsche die Aufmerksamkeit des begeisterten Pariser Publikums von der unmittelbar bevorstehenden Kaiserkrönung abzulenken. Weshalb denn auch die Begegnung Napoleons mit seinem – im gleichen Jahr 1769 geborenen – Altersgenossen prompt mehr als frostig ausfällt. Alexander von Humboldt wird später hierüber notieren: Der Kaiser »war von eisiger Kälte gegen Bonpland, voll Haß gegen mich«. Und in der Tat, als Alexander von Humboldt ihm vorgestellt wird, überfällt ihn Napoleon mit der Frage: »Sie beschäftigen sich mit Botanik? Auch meine Frau treibt sie«. Eine gezielte Kränkung, die Napoleon unterstreicht, indem er Humboldt den Rücken kehrt und kein weiteres Wort mehr an ihn richtet.

Weiß also Bismarck wirklich noch, über wen er sich 1870/71 lustig macht? Wohl kaum. Und wenn, dann nur noch sehr vage. Zumal der lebenslange Enthusiasmus Humboldts für Frankreich jetzt im soeben auf französischem Boden proklamierten Deutschen Reich völlig unzeitgemäß erscheint. Wie zeitgemäß aber erscheint uns heute Alexander von Humboldt? Interessiert uns noch, daß er vor zweihundert Jahren, 1799, in Cumaná (Venezuela) jene Forschungsreise begann, die ihm den Ruhm eines »zweiten Entdeckers von Amerika« einbrachte? Oder, daß der vor zweihundertdreißig Jahren in Berlin geborene letzte Universalgelehrte Europas und größte Geograph der Neuzeit immerhin in derselben Stadt vor einhundertvierzig Jahren (1859) mit einer Art Staatsbegräbnis in Gegenwart des späteren Kaisers Wilhelm I. geehrt wurde? Oder, daß er vor einhundertsiebzig Jahren (1829) seinen 60. Geburtstag auf einer russisch-sibirischen Forschungsreise feierte, die ihn bis an die Grenzen Chinas führte?

Bereits Hugo von Hofmannsthal, der 1922 Humboldts Bericht über die Indianer-Totenstadt Ataruipe in sein »Deutsches Lesebuch« aufnahm, hat den Verdacht geäußert: »Unser Volk hat ein schlaffes Gedächtnis... trotz allem, was es besitzt, verliert es immer wieder. – Den Reichtum, der ihm eignet, zählt es nicht und ist fähig, seiner Krongüter zu vergessen...«

Das hatte 1860 Theodor Fontane, der große Spezialist für Totengedenken, noch ganz anders gesehen, als er – ein Jahr nach Humboldts Tod – in den »Wanderungen durch die Mark Brandenburg« über die Begräbnisstätte der Humboldtschen Familie notierte: »... im märkisch-tegelschen Sande ruhen die Mitglieder einer Familie, die, wie kaum eine zweite, diesen Sand zu Ruhm und Ansehen gebracht«.

Indes, »Ruhm und Ansehen« Alexander von Humboldts sind in unserem Jahrhundert nicht unbezweifelt geblieben: Hans Magnus Enzensberger hat 1975 Humboldts Vita in sein »Mausoleum« mit den »Balladen aus der Geschichte des Fortschritts« aufgenommen. Er hat sie eingereiht in die

Widersprüche des Fortschritts als »kollektiver Mythos«, in den »jahrhundertelangen Prozeß also, dessen tragische und komische, ehrwürdige und absurde Verwicklungen wir alle mit uns fortschleppen«. Man findet Alexander von Humboldt im »Mausoleum« Enzensbergers im Kreise der »Grabtafeln von siebenunddreißig Helden«, auf denen »ihre Erfindungen und Hirngespinste, ihre privaten und öffentlichen Auftritte und Alpträume, ihre Inszenierungen und Desaster abzulesen« sind.

Enzensbergers balladeske Humboldt-Biographie unterscheidet sich dabei deutlich von jenem notorischen Klischee vieler Humboldt-Biographien, das Nicolaus Rupke auf die Formel gebracht hat: »Zuerst werden seine Jugendjahre dargestellt, während der er unter anderem in Göttingen studierte und einige verdienstvolle Arbeiten veröffentlichte, zum Beispiel über tierische Elektrizität; es folgt eine Beschreibung seiner berühmten Forschungsreise nach Amerika von 1799 bis 1804, die er gemeinsam mit dem französischen Botaniker Aimé Bonpland unternahm. Den dritten Abschnitt bildet Humboldts Pariser Zeit von 1804-1827, in der er den größten Teil seiner dreißigbändigen Darstellung der Ergebnisse seiner Amerikareise verfaßte und seine bleibenden Beiträge zur Pflanzengeographie, zur Meteorologie und zu anderen Zweigen der Wissenschaft lieferte; an dieses Kapitel schließt sich ein Bericht über Humboldts Sibirien-Reise von 1829 an. Und den Schlußteil aller Humboldt-Biographien bildet die Berliner Zeit, Humboldts letzter Lebensabschnitt, in dem er in den Diensten des preußischen Hofes stand und den mehrbändigen »Kosmos« schrieb. Was die einzelnen Humboldt-Biographien voneinander unterscheidet, ist u. a. das Verhältnis der Seitenzahlen, die Proportionen, die die biographischen Abschnitte jeweils einnehmen. Charakteristisch für die einzelnen Biographien sind auch besondere Auslassungen oder Hinzufügungen zu diesem biographischen Standard-Gerüst«. (Antrittsvorlesung in der Universität Göttingen am 5. 2. 1997)

Enzensbergers unorthodoxe Humboldt-Biographie hat zwar manches ausgelassen. Sie hat dafür aber am Schluß einen provokanten Satz hinzugefügt, der bislang noch wenig Beachtung gefunden hat: »Ein Gesunder war er, der mit sich die Krankheit ahnungslos schleppte, ein uneigennütziger Bote der Plünderung, ein Kurier, der nicht wußte, daß er die Zerstörung dessen zu melden gekommen war, was er, in seinen ›Naturgemälden‹, bis daß er neunzig war, liebevoll malte.«

Ist im Rückblick des 20. Jahrhunderts Humboldts »Ruhm und Ansehen« mithin ein bloßes Mißverständnis? Oder läßt sich Humboldts »Größe« nur deshalb schwer dingfest machen, weil sich ihre Wahrheit für die Nachgeborenen als zu komplex erweist? Könnte gerade diese – in Humboldts Person und Lebensleistung gründende – Komplexität eine unerwartete Aktualität gewinnen in einer Zeit, in der die Einsicht in die komplexesten und globalen Zusammenhänge und Interdependenzen aller Lebensprozesse zur dringlichsten Forderung des Tages geworden ist? Vielleicht kann Humboldts offenbar zum Schemen mutierte Gestalt wieder Kontur gewinnen, wenn es gelänge, jene Texte von und über ihn auszuwählen, die transparent werden lassen, daß er mehr war als eine »vollständige, wandelnde Akademie«. Daß er vielmehr der ziemlich singuläre Glücksfall eines deutschen Europäers und Kosmopoliten war, dem der Freiheitsgedanke der Französischen Revolution zum geheimen Inkubationszentrum eines exemplarisch verwirklichten Lebensplans wurde. Und daß er im Namen dieses liberalen Weltbürgertums dann unter anderem wissenschaftliche, politische und ökonomische Aspekte des (noch vagen) Globalisierungsprojekts unserer Zeit bereits auf eigene Faust und Rechnung »avant la lettre« konkret praktiziert hat. Nicht zufällig trägt heute noch jene deutsche, 1860 (kurz nach Alexander von Humboldts Tod) gegründete Stiftung seinen Namen, die mit einem Netzwerk von inzwischen 20 000 ausländischen Wissenschaftlern in über 125 Nationen das fortsetzt, was Humboldt bereits selber vorbildlich praktiziert hat: Den Austausch und die internationale Förderung hochqualifizierter Wissenschaftler.

II

Wer also war jener Alexander von Humboldt, der uns aus diesen Texten entgegentritt? War er mehr, als unser »schlaffes Gedächtnis« wahrhaben will? 1857, zwei Jahre vor Humboldts Tod, hatte Eichendorff in seiner Abhandlung »Deutsches Adelsleben des achtzehnten Jahrhunderts« drei Typen des Adels unterschieden. Jener, der »in fast insularischer Abgeschiedenheit« mit sich und seinen Gütern im Einklang lebt. Dann derjenige, der nach der Bildungshöhe seiner Zeit strebt, der Parks nach englischer oder französischer Manier anlegt und »prätentiös« der jeweiligen Mode nachjagt ohne sie in der Provinz je zu erreichen. Und schließlich jener dritte, exzentrische Typus, der sich überall einmischt, weltläufig wird und an der französischen Revolution teilnimmt.

Ausgerechnet zu dieser seltenen, letzten Gattung muß Alexander von Humboldt gerechnet werden. Sie ist besonders selten, wenn man bedenkt, welche wunderlich deformierten Blüten die Französische Revolution zu Lebzeiten Humboldts in Deutschland hervorgebracht hat. Zum Beispiel in Gestalt des Philosophen Hegel, über den Alexander von Humboldt sarkastisch bemerkt haben soll: »Die gefährlichste Weltanschauung ist die Weltanschauung der Leute, die die Welt nie angeschaut haben.« Wohl möglich, denn derselbe Hegel, der 1796 (zusammen mit Schelling und Hölderlin) im »Ältesten Systemprogramm des deutschen Idealismus« postuliert hatte: »Nur was Gegenstand der Freiheit ist, heißt ›Idee‹. Wir müssen also über den Staat hinaus: ...«; derselbe Hegel hatte 1821 dann in seiner Rechtsphilosophie ganz preußisch-obrigkeitsstaatlich behauptet: »... es ist der Gang Gottes in der Welt, daß der Staat ist, sein Grund ist die Gewalt der sich als Wille verwirklichenden Vernunft«.

Ganz anders und gar nicht staatsfrömmelnd Alexander von Humboldt, der die »Idee« der Freiheit nicht gedacht, sondern angeschaut hat mit eigenen Augen. Und dem sie zum ältesten und konsequent verwirklichten »Systemprogramm« der eigenen Selbstbestimmung wurde. Das war 1790, als der Einundzwanzigjährige eigenhändig mit Georg Forster in Paris eine Schubkarre voll Sand zum Freiheitstempel auf dem Marsfeld fährt. Die Ideen der Französischen Revolution sind noch nicht korrumpiert und noch so groß, daß man sein ganzes Leben darin verbringen wollte. Es ist der Vorabend des ersten Jahrestages des vierzehnten Juli. Und eine jubelnde Menge füllt die Straßen. Humboldt wird die wenigen Tage, die er in Paris verbringt, für immer empfinden als die eindrucksvollsten und erinnerungswürdigsten seines Lebens; er versteht sich von nun als einen Mann der Revolution. Die Idee der Freiheit wird sich hierbei für immer verschränken mit dem Eindruck der Weite des Meeres, das er auf der Reise mit Forster – dem Weltumsegler und Begleiter von Cook – zum ersten Mal erblickt. Es ist ein Eindruck der Weite, der ihn zum Kosmopoliten, zum Weltreisenden weitet. Und »liberté« und »fraternité« werden ihm auf dieser Reise zum cantus firmus seines Daseins werden. Ein Dasein, eine Biographie, die uneingeschränkt auch heute noch als Paradigma taugen könnte gegen jede Form von Sklaverei, Rassismus und Fremdenhaß.

Humboldt hat die Idee der Freiheit dann bis zur Höhe des

Chimborazo stufenweise verwirklicht. Zunächst im preußischen Bergdienst (1792 bis 1796), wo er die Freiheit dialektisch trainiert und erprobt durch selbstverordnete Disziplin und rastlose Tätigkeit (»Ich stehe alle Tage um 5 Uhr auf ...«). Um dann in Cumaná die Gegenwelt der Freiheit anzuschauen mit eigenen Augen: die Sklaverei. Mit dem Ergebnis, daß er ein Leben lang revoltieren wird gegen Ungerechtigkeit und Tyrannei. Den »Chimborazo«-Gipfel dieser Revolte wird er dann erreichen mit dem »Politischen Essay über die Insel Kuba«, den der Genfer Historiker und Soziologe Simon de Sismondi 1827 rühmen wird als das Werk Humboldts, das »sich im Comptoir jedes Geschäftsmanns befinden (sollte), der mit Amerika handelt, ebenso wie im Kabinett jedes Philosophen, der sich dem Fortschritt der Menschheit zugesellt«. In Wahrheit wird es sich in keinem Comptoir, in keinem Kabinett befinden. Denn dieses Werk ist hochbrisant; es ist prophetische Geschichtsschreibung, eine »Enzyklopädie«, die »das spanische Amerika sich selbst enthüllt; sie hat es seine Kräfte und seine Quellen spüren lassen und hat ihm den Mut gegeben, seine Rechte zu fordern« (de Sismondi)!

In Deutschland wird dieses (französisch verfaßte) Werk mit dem unbequemen Satz »alles Unrecht trägt den Keim der Zerstörung in sich« unbekannt bleiben. Erst seit 1992 liegt eine komplette deutsche Fassung vor. Goethe bleibt die rühmliche Ausnahme: Er erkennt sofort die Bedeutung des Kuba-Werkes und bemerkt am 17. 2. 1827 gegenüber Boisserée: »Bewundern muß man..., wie hier das Erfahrenswerte, Erfahrene, Wissenswerte, Gewußte zusammengestellt und eine Weltübersicht so ganz vollkommen eröffnet ist...«. Wie wenig sich diese Weltübersicht über den Zusammenhang von Kolonialismus und Sklavenhaltung dann wirklich eröffnet hat, zeigen die kolonialen Irrtümer Europas im neunzehnten Jahrhundert. Zu Lebzeiten Humboldts wurde seine Streitschrift in Havanna verboten; erst im revolutionären Kuba wurde sie wiederentdeckt und zur schulischen Pflichtlektüre erklärt.

Und Humboldt selber? Er hatte erklärt, daß die spanischen Kolonien »zwar reif seien, er jedoch keinen Mann wisse, der sie zur Freiheit führen könnte.« Er hat Bolívar, der dann diese Kolonien zur Freiheit führte und dem er in Paris und Rom begegnet war, erst im Rückblick erkannt: »... denn ich habe erst viel später meinen Irrtum hinsichtlich jenes großen Mannes eingesehen...«. Was Bolívar seinerseits nicht gehindert hat, Humboldt als den »Entdecker der Neuen Welt« zu feiern, als einen Mann, dessen Werk über Amerika »mehr Gutes vermocht hatte als alle Conquistadoren zusammen.«

Sein ältestes »Systemprogramm« der »liberté« hat Humboldt aber auch 1829 begleitet in Rußland und Sibirien. Im Schatten der offiziellen Zielsetzung seiner Forschungsreise hat er erfolgreich die Aufhebung der Verbannung junger polnischer Patrioten betrieben. Und was ihn dort und in Lateinamerika bewegte, hat ihn auch beschäftigt nach seiner Rückkehr aus Paris nach Berlin (1827). Seinem französischen Biographen wird er es noch in den letzten Monaten seines Lebens unmißverständlich mitteilen: »was mir am teuersten ist und was man mir nicht rauben kann, ist das Gefühl der Freiheit, das mich bis zum Grabe begleiten wird«. Es hat ihn begleitet; als er ein Gesetz erkämpfte, demzufolge jeder Sklave ein freier Mensch sei, der preußischen Boden betritt. Es hat ihn begleitet, als er sich – zusammen mit Bettina von Arnim – für politisch Verfolgte einsetzt, 1833 bei der sogenannten Demagogenverfolgung. Beide verwendeten sie sich beim preußischen Hof erfolgreich für die 1837 vom hannoverschen König (wegen ihres Eintretens für die Verfassung) entlassenen Germanisten Jacob und Wilhelm Grimm, als es darum ging, ihnen in Berlin zu einer

Anstellung zu verhelfen. Und es begleitete ihn, als schließlich Bettina selbst seiner Fürsprache beim König bedurfte, um die Freigabe zu erwirken für ihr (von der Zensur verbotenes) Buch »Clemens Brentanos Frühlingskranz«.

Einen einsamen und wahren »Frühlingskranz« der Freiheit und Gleichheit aber hat Humboldt sich selbst geschaffen durch seine konsequente Haltung in der Judenfrage. Im Unterschied zu seinem Bruder Wilhelm war Alexander von Humboldt nämlich der festen Überzeugung, daß es keine »höheren und niederen Menschenrassen« gibt. Für ihn, dem 1790 die Französische Revolution zum Erweckungsereignis der eigenen Bestimmung wurde, bestand ein unaufhebbares Junktim von »liberté« und »égalité«: Es gab für ihn keine »edleren Volksstämme, alle sind gleichmäßig zur Freiheit bestimmt«. Humboldt, der ein Leben lang der Familie Mendelssohn verbunden blieb, hat sich daher 1842 massiv auf einen Konflikt mit Friedrich Wilhelm IV. bei der Verkündung eines neuen, diffamierenden Judengesetzes eingelassen. Humboldt damals: »In dem Judengesetze hat uns das Kultusministerium eben gelehrt, daß Juden nicht einmal extraordinäre Professoren der Geschichte, der heidnischen griechischen Mythologie und der orientalischen Sprachen sein können. Es ist ein trauriger Zustand, wenn ein ganzes Volk in seiner geistigen Bildung hoch über der des Ministeriums steht.« Bildung als »wirklich gewonnene Freiheit« (Goethe), hat Humboldt »hoch über der des Ministeriums« immer wieder gegenüber jüdischen Zeitgenossen bewiesen. Etwa gegenüber dem Philosophen und Politiker Ferdinand Lassalle, als Humboldt durch einen Brief an den Prinzregenten die Zurücknahme der Ausweisung als »rheinischer Rebell« erwirkte. Oder als er für die alternde und verarmte Henriette Herz eine Dotation des Königs erreichte. Auch für Heinrich Heine hat er sich – allerdings vergeblich – eingesetzt.

Aber auch für die »fraternité«, die Brüderlichkeit, hat Humboldt einen »Frühlingskranz« hinterlassen, der seinesgleichen sucht: Er hat mehr Forschungsreisen und junge wissenschaftliche und künstlerische Talente gefördert als irgendein anderer Zeitgenosse. Er hat ihnen allen uneigennützig geholfen auf tausend Wegen: Vom eigenen Geldbeutel bis zur Schatulle des Königs. Und was die 1860 spontan (dank einer konzertierten internationalen Initiative) gegründete »Alexander von Humboldt-Stiftung« bis auf den heutigen Tag tut, hat Humboldt auf diese Weise schon zu Lebzeiten als eine Ein-Mann-Unternehmung praktiziert: Die Förderung qualifizierter junger ausländischer und deutscher Wissenschaftler. Ja, Humboldt kann als Protagonist eines wissenschaftlichen Globalisierungskonzepts bezeichnet werden, dessen moderne Dimensionen bereits Charles Darwin ahnte, als er Humboldt den »Vater einer großen Nachkommenschaft von Forschungsreisenden« nannte. Denn für Humboldt, der bereits als 24jähriger Mitglied der ehrwürdigen Leopoldina wurde und – aus Pariser Sicht – die Berliner Akademie mit einem »Siechenhaus« verglich, für Humboldt sollte nicht nur Berlin »mit der Zeit die erste Sternwarte, die erste chemische Anstalt, den ersten botanischen Garten, die erste Schule für transzendentale Mathematik besitzen«. Humboldt ging es – in weltbürgerlicher Absicht – um wesentlich mehr. Für ihn waren Wissenschaft und ihre Förderung unauflösbar verbunden mit der 1790 von ihm in Paris so enthusiastisch begrüßten Trias der Freiheit, Gleichheit und Brüderlichkeit. Das aber bedeutete für ihn: Die Verwirklichung der »fraternité« in Gestalt eines weltweiten Dialogs der Wissenschaftler. So wurde er denn selber zum Mittelpunkt eines Korrespondenznetzes mit über 50000 verfaßten und über 100000 empfangenen Briefen. Ein Korrespondenznetz, das zweihundert Jahre vor der Heraufkunft des globalen Informationszeitalters bereits so etwas wie ein Kommunikationsprojekt der Moderne mit bewußter Priorität der Wissenschaften darstellt. Wobei Humboldt auch bereits die enge Relation von Wirtschafts- und Wissenschafts-»Standort« erkannte. In seinem »Kosmos«-Werk finden sich hierzu – in der ungewöhnlichen Verbindung von altfränkischer Diktion mit modernem weltwirtschaftlichem Denken – die denkwürdigen Worte: »Diejenigen Völker, welche an der allgemeinen industriellen (...) Thätigkeit (...) zurückstehen, (...) werden unausbleiblich von ihrem Wohlstande herabsinken. Sie werden es umso mehr, wenn benachbarte Staaten, in denen Wissenschaft und industrielle Künste in regem Wechselverkehr mit einander stehen, wie in erneuerter Jugendkraft vorwärts schreiten«.

III

Man muß diese Worte als »Hintergrundmusik« hören, um zu ermessen, was durch Humboldt initiiert worden ist im Interesse eines Grenzen und Disziplinen überschreitenden Wissenschafts-Dialogs der Moderne. Eines Wissenschafts-Dialogs, mit dem er freilich auch im Sinne Enzensbergers zum »uneigennützigen Boten« und »Kurier« der Erfolge jener wilhelminischen Ära wurde, die dann den Sieg über jenes Frankreich feiern sollte, das Humboldts eigene geistige und (für über zwanzig Jahre) physische Wahlheimat gewesen ist. Enzensberger würde dies zu den Widersprüchen des Fortschritts als »kollektiven Mythos« rechnen.

Darf man es aber Humboldt zum »Vorwurf« machen, daß er aus eigener Tasche durch Rat und Protektion einer ganzen Generation junger Talente die Wege ebnete? Wege zudem im eigentlichen Sinne des Wortes: Er ermutigte unter anderem Richard und Robert Hermann Schomburgk zu ihren südamerikanischen Unternehmungen. Er unterstützte die Himalaya-Expedition der Brüder Adolf, Hermann und Robert Schlagintweit, er beriet den Erforscher Australiens, Ludwig Leichardt, den Afrikareisenden Heinrich Barth und den wissenschaftlichen Erforscher Japans, Philipp Franz von Siebold. Und noch die Forschungsreisen Charles Darwins und Ernst Haeckels verdanken sich dem Studium Humboldtscher Schriften. Zum weiten Kreis der von Humboldt geförderten wissenschaftlichen und künstlerischen Nachwuchstalente zählen immerhin unter anderem der Techniker Werner von Siemens, der Physiologe und Physiker Hermann von Helmholtz, der Ägyptologe Heinrich Brugsch, der Mathematiker Gotthold Eisenstein, die Komponisten Felix Mendelssohn-Bartholdy und Giacomo Meyerbeer, die Maler Wilhelm von Kaulbach und Moritz Rugendas, der Mediziner Robert Remak, der Physiologe Emil du Bois-Reymond, der Germanist Hans Ferdinand Maßmann und der niederdeutsche Dichter Klaus Groth. Diese selbstlose und weitsichtige Förderung junger »Hoffnungsträger« hat dann der (von Humboldt ebenfalls geförderte) Chemiker Justus von Liebig summiert mit den Worten: »Wie viele kenne ich, welche gleich mir die Erreichung ihrer wissenschaftlichen Zwecke Ihrem Schutze und Wohlwollen verdanken! Der Chemiker, Botaniker, Physiker, der Orientalist, der Reisende nach Persien und Indien, der Künstler, alle erfreuten sich gleicher Rechte, gleichen Schutzes; vor Ihnen war kein Unterschied der Nationen, der Länder. Was die Wissenschaften in dieser besonderen Beziehung Ihnen schuldig sind, ist nicht zur Kunde der Welt gekommen ...«

IV

Zur Kunde der Welt gelangt ist dafür immerhin Humboldts amerikanische Reise. Charles Darwin hat ihren Berichterstatter emphatisch gefeiert mit den Worten: »Ich habe ihn immer bewundert; jetzt bete ich ihn an. Denn er allein gibt einen Begriff von den Empfindungen, die das erste Betreten der Tropen in der Seele erregt«. Eine Humboldt-Begeisterung, die heute noch in Lateinamerika lebendig ist mit der Folge, daß der Name Humboldts auf der Weltkarte häufiger vorkommt als der irgendeines anderen Menschen. Daß im Reiche Humboldts, zu dem sich inzwischen sogar ein Humboldt-Krater auf dem Mond gesellt hat, auch sonst offenbar die Sonne noch immer nicht untergegangen ist, läßt sich ablesen am Namen jener (von der Österreichischen Akademie der Wissenschaften und der Universität Leipzig gegründeten) Forschungsstation, die seit 1997 in der Nähe der von Humboldt beschriebenen Mission Esmeralda am Orinoco mit einem riesigen Auslegerkran in den Baumkronen des Tropenwaldes die Fauna und Flora von oben untersucht, die Humboldt vor zweihundert Jahren nur von unten zugänglich war. Welchen »Begriff von den Empfindungen, die das erste Betreten der Tropen in der Seele erregt« hat Humboldt seinen Zeitgenossen vermittelt? Ist es noch unser »Begriff«? Sind es noch unsere »Empfindungen«? Sicher ist, daß Humboldts lateinamerikanisches Reisewerk sich modernen »Begriffen« eines wissenschaftlichen Reiseberichts entzieht. Denn es ist ein Reisebericht sui generis, der ohne Humboldts Goethe-Begeisterung letztlich nicht verständlich ist. Goethe selber erwähnt Humboldt denn auch als einzigen Zeitgenossen in seinem Roman »Die Wahlverwandtschaften«. In Ottilies »Tagebuch« heißt es dort, nur der sei »verehrungswert, der uns das Fremdeste, Seltsamste, mit seiner Lokalität, mit aller Nachbarschaft, jedesmal in dem eigensten

Elemente zu schildern und darzustellen weiß«. Und Ottilie schließt diese Betrachtung mit dem sehnsuchtsvollen Satz: »Wie gerne möchte ich nur einmal Humboldten erzählen hören«.

Ottilies Sehnsucht galt offenbar dem schildernden, dem darstellenden Erzähler. Also jenem Humboldt, der im Rückblick auf seine Begegnungen mit Goethe in Jena (1795 und 1798) von sich behauptet hat: »Überall ward ich von dem Gefühle durchdrungen, wie mächtig jene Jenaer Verhältnisse auf mich gewirkt, wie ich, durch Goethes Naturansichten gehoben, gleichsam mit neuen Organen ausgerüstet worden war«. Was im Klartext bedeutete: Humboldt fühlte sich durch Goethe ausgerüstet mit »Organen«, die zeitlebens seine eigene wissenschaftliche »Naturansicht« um die Dimension der ästhetischen Vernunft erweitern und bereichern sollten. Diese ungewöhnliche Synthese von Wissenschaft und Ästhetik, von Begriff und Anschauung hat Humboldt dann in einer eigenen Wortschöpfung als »Naturgemälde« bezeichnet. Oder wie es Goethe (im Hinblick auf Humboldts Vortrag über »Ideen zu einer Physiognomik der Gewächse«) formuliert hat: Durch Humboldt werde der »so lange geschichtete und rauchende Holzstoß durch einen ästhetischen Hauch zur lichten Flamme belebt ...« Humboldt hat denn auch durchaus mit Erfolg bei seinen Lesern in Deutschland den »Holzstoß« der Wissenschaft »mit ästhetischem Hauch« immer wieder belebt. Vor allem in seinen »Ansichten über die Natur«, dieser deutschsprachigen Quintessenz seines vierunddreißigbändigen (französischsprachigen) Reisewerks.

Eine naturwissenschaftlich-ästhetische Publikations-Strategie also, an der Humboldt auch nach Goethes Tod beharrlich festgehalten hat. Auch noch in seinem fünfbändigen »Kosmos«. Allerdings hat Humboldt seinem durch Goethe ausgerüsteten »Organ« für die ästhetische Vernunft immer wieder selber mißtraut. So gesteht er zum Beispiel gegenüber Varnhagen von Ense freimütig: »Die Hauptgebrechen meines Stils sind eine unglückliche Neigung zu allzu dichterischen Formen, eine lange Partizipial-Konstruktion und ein zu großes Konzentriren vielfacher Ansichten, Gefühle in Einem Periodenbau«.

Nietzsche wird über diesen Periodenbau notieren: »Die Gedanken haben etwas Unsicheres, soweit es sich nicht um Mitteilung von Facta handelt. Dazu ist alles in die Höhe gehoben und durch ausgewählte, schöne Worte mit Glanz überzogen: Die langen Perioden spannen es aus. So erzeugt dieser Stil als Ganzes eine Stimmung, einen Durst; macht man die Augen klein, weil man gar zu gern etwas Deutliches sehen möchte, schwimmt alles in anreizender Verklärung in der Ferne: wie eine jener welligen Luftspiegelungen, welche dem Müden, Durstenden ein Meer, eine Oase, ein Wald zu sein scheinen.«

Leo Kreutzer hat dann Humboldts konsequentes Festhalten an naturästhetischen Grundlagen, an naturwissenschaftlicher Forschung im Sinne Goethes sogar als das Projekt »eines andern Fortschritts der Wissenschaft und der Moderne« bezeichnet. Humboldt zeige, wie ein sich verbreiterndes Naturwissen dem Menschen geholfen habe, auf der Erde heimisch zu werden. Wissenschaftliche Fernreisen also als Heimischwerden. Und dies durch gegenständliches Denken im Sinne Goethes. Immerhin, Humboldt hat diesen Bund des Naturwissens mit der Poesie noch einmal probiert. Ein Spagat zwischen den Polen Verstand und Gemüt, der freilich für Humboldt selbst zur Zerreißprobe wurde. Mit dem Ergebnis, daß sowohl die Auswertung seiner Amerikareise als auch sein »Kosmos« zum Torso gerieten: Zwei Drittel seiner Aufzeichnungen der amerikanischen Reisetagebücher hat er nicht mehr auswerten können. Das heißt, Humboldts Erlebnisbericht der »Wiederentdeckung« Amerikas umfaßt in Wahrheit nur das erste Drittel dieser fünfjährigen Reise (1799-1804), die ihn nach Venezuela, Ecuador, Kolumbien, Peru, Kuba, Mexiko und die USA führte. Noch im hohen Alter hat er die Vollendung seines Reiseberichts als eine »Gewissenssache« betrachtet: »Das Wichtigste von allem, was ich noch vorhabe ... meine übrigbleibende wichtigste literarische Lebensfrage!«

Sie ist übriggeblieben, er hat sie nicht mehr gelöst. Auch den fünften Band seines »Kosmos«-Werkes hat er nicht abschließen können. Die doppelte Zielsetzung eines Unternehmens, das sowohl den Wissenschaftler als auch den Naturgenießenden und gebildeten Laien fest im Blick hatte, geriet – schon wegen seines an das Deutsche Wörterbuch der Brüder Grimm erinnernden gigantischen Umfangs – zunehmend zur konkreten Utopie. Humboldt hat das Unmögliche begehrt: Ein komplettes wissenschaftliches Kompendium, das notwendigerweise bereits im Augenblick seines Erscheinens das Kainszeichen des Veralteten auf der Stirn tragen mußte. Und das sich andererseits durch die spezialisierte Stoffülle und wissenschaftliche Diktion immer mehr der Allgemeinheit einer interessierten Leserschaft zu entziehen drohte. Er hat dieses Auseinanderdriften von Spezialisierung und Popularisierung zu überbrücken versucht, indem er selber große Teile seiner amerikanischen Präparate, Notate, Untersuchungen und Messungsergebnisse Experten in Europa (vor allem in Frankreich, Deutschland und England) zur Auswertung überließ. Und für die »Kosmos«-Bände sah er sich immer wieder gezwungen, die rasch veraltenden Forschungsergebnisse der Astronomie »à jour« bringen zu lassen. Man hat ihn früh eine vollständige, wandelnde Akademie genannt und dabei übersehen, daß er zunehmend einer enzyklopädischen Katze glich, die ihr ständig sich weitendes Revier nur noch durch Teamwork unter Kontrolle behalten konnte.

V

Es ist aber gerade diese Arbeitsweise, die Humboldt in einem neuen, einem modernen Licht erscheinen läßt. Sie macht ihn zum Vorläufer eines arbeitsteiligen und interdisziplinären Wissenschafts-Managements, dessen Bedeutung und Notwendigkeit sich auf der Schwelle zum 21. Jahrhundert abzuzeichnen beginnt. Humboldt hat sich als ein wahres pragmatisches und organisatorisches Networking-Genie erwiesen, dessen Erfolgsgeschichte bislang weder wissenschaftshistorisch noch im Hinblick auf ihre Relevanz für die Zukunft der Moderne untersucht worden ist. Eine der großen Überraschungen, die Humboldt für die moderne Informationsgesellschaft bereithält, ist die Antizipation eines Public Relations-Managements, das seinesgleichen sucht.

Humboldt hat seine eigene Devise »zum schriftstellerischen Handwerk gehört Läuten« bereits für die Propagierung der Ergebnisse seiner Lateinamerikareise gezielt praktiziert in Gestalt einer Öffentlichkeitsarbeit mit nahezu globalen Dimensionen. Die Zahl berühmter Natur- und Geisteswissenschaftler, mit denen Humboldt vor seiner Amerikareise in Korrespondenz trat, ist Legion. Humboldt gelingt schon auf der Überfahrt nach Amerika eine postalische Großtat: Er expediert an einem einzigen Tag rund 45 Briefe. Um in Lateinamerika dann dazu überzugehen, nahezu ausnahmslos seine an europäische und nordamerikanische Wissenschafts-Multiplikatoren gerichteten Schreiben zur Veröffentlichung zu bestimmen: Unter anderem in nordamerikanischen Zeitungen, für den spanischen Hof (der ihm 1799 die Reiseerlaubnis in die überseeischen Kolonien erteilt hatte), vor allem aber zur Verbreitung in französischen, englischen und deutschen Wissenschaftszirkeln.

Humboldt hat diese Public Relations-Strategie nach seiner Rückkehr aus Amerika dann um eine Dimension erweitert, deren Rezeption durch die Moderne noch aussteht: Die Popularisierung wissenschaftlicher Ergebnisse. Ein Aspekt, der heute im Zeichen wachsender Wissenschaftsfeindlichkeit und hierdurch generierter Phobien ungeahnte Aktualität und Dringlichkeit gewinnt. Humboldt war nicht nur davon überzeugt, daß der Wissenschaftler zur Popularisierung verpflichtet ist; für ihn war in diesen Pflichtenkreis auch die Wohlfahrt eingeschlossen: Bereits als junger Bergbeamter in Franken errichtete er auf eigene Kosten eine Schule zur Bildung und Ausbildung der Bergleute und ergänzte diese Volksbildungsbemühungen durch die Entwicklung praktischer Geräte zur Erleichterung der Arbeit unter Tage. Die von ihm damals geschaffene Lampe und ein Atemgerät sind Vorläufer der Grubenlampe und der Gasmaske.

Und was Humboldt in Franken früh praktiziert hatte, das setzt er jetzt fort. Mit den 1808 veröffentlichten »Ansichten der Natur«, und mit seinem 1825 bis 1827 in einem Pariser Salon gehaltenen populärwissenschaftlichen Vorlesungszyklus will er die wissenschaftliche Allgemeinbildung seiner Mitbürger fördern. Ein Programm, das er dann konsequent auch nach der Rückkehr in seine Heimat (1827) in die Tat umsetzen wird: Als Mitglied der preußischen Akademie hält er nicht nur Vorträge an der Universität über physikalische Geographie, er hält auch parallel und gratis Vorträge über dasselbe Thema in der Singakademie. Mit dem stolzen Ergebnis beider Bildungsunternehmungen: Er erreicht eine Zuhörerschaft, die vom Arbeiter bis zur Hofgesellschaft reicht.

Immerhin hatte Humboldt mit dieser Trias aus Wissen, Bildung und Information ein Publikum erreicht, das sich heute keinem Professor mehr erschließen würde. Und Humboldts – aus den Berliner Vorlesungen hervorgegangener – »Kosmos« geriet denn auch folgerichtig zum »populärwissenschaftlichen« Bestseller des Jahrhunderts, zum weltweiten Erfolg, der zeitweise Auflagen wie die Bibel erreichte. Humboldt, der das ihm angetragene Amt des preußischen Kultusministers ablehnt und selber nie eine Professur anstrebt, schreibt sich mit dieser zäh und beharrlich verfolgten Wissenschaftspolitik schon deshalb in die Annalen der modernen Wissenschaft ein, weil durch ihn die Naturwissenschaften im eigentlichen Sinne des Wortes »hoffähig« und weltläufig werden. Ja, das hohe Ansehen und die große Bedeutung, die den Naturwissenschaften im 19. Jahrhundert und der Moderne dann zuwachsen werden, sind ohne die »auctoritas« Humboldts als Gelehrter und Mensch überhaupt nicht denkbar. Und es war Treitschke, der früh gerade hierin eines der größten Verdienste Humboldts erblickt hat.

VI

Aber dieses Verdienst setzt freilich andere große Verdienste Humboldts voraus, die heute im allgemeinen Bewußtsein kaum noch präsent sind. Es sind Verdienste, mit denen es Humboldt unter anderem gelang, den Einfluß der damals noch stark beachteten Naturphilosophie Schellingscher Prägung zurückzudrängen. Humboldt wäre heute mit ziemlicher Sicherheit auch ein Nobelpreisträger: Mit den unzähligen, auf seinen Reisen angehäuften Beobachtungs- und Messungsergebnissen hat er fast allen Wissenschaftszweigen seiner Zeit zu neuen Erkenntnissen verholfen. Er hat dabei gleichzeitig beigetragen zur Entwicklung der Disziplinarität der Naturwissenschaften des 19. und 20. Jahrhunderts.

Er hat diese Disziplinarität gefördert, weil er zugleich ein Genie der Interdisziplinarität war. Das heißt, er hatte durch seine Studien der Natur- und Technikwissenschaften nicht nur »Organe« im Goetheschen Sinne für fast alle zugehörigen Disziplinen seiner Zeit ausgebildet. Er war auch zu Hause in den Geisteswissenschaften, unter anderem in der Kameralistik, in der Geschichte und in jenen elf Sprachen, die er kannte und teilweise – wie das Französische – besser beherrschte als das Deutsche. Vor allem aber hatte er auf stupende Weise »Organe« entwickelt für Vergleiche und Bezüge: Goethes Wort (an Zelter): »Bezüge sind alles. Bezüge sind das Leben« hat Humboldt eingelöst wie kaum ein anderer. Er erkannte – was das Schwierigste ist – das unmittelbar Naheliegende; und er konnte es in Rapport setzen mit dem scheinbar Fremdesten, Entlegensten und dadurch Einsichten gewinnen, die neu und kühn erschienen.

Wenn heute ganze wissenschaftliche Disziplinen – etwa die Klimatologie, die Ökologie, die Ozeanographie, die Hochgebirgsforschung, die Landeskunde, die Kartographie, die Pflanzengeographie – ihn zu einem ihrer geistigen Väter rechnen und Humboldts Ruf als größter Geograph und Forschungsreisender der Neuzeit unangefochten geblieben ist, so wird in der Regel übersehen, daß sein Erkenntnis-Geheimnis unter anderem begründet ist in der vergleichenden Methodik seines unorthodoxen und von grenzenloser Neugier geprägten Forschens und Denkens. Und es ist diese hochentwickelt-allgegenwärtige komparatistische Begabung, die ihm überall das geistige, das genialisch-produktive Band liefert, mit dem er alle Fakten erhellend zu verbinden weiß. Es schafft jene tausend Bezüge zwischen den unzähligen Beobachtungen, Messungen, Analysen und Schilderungen, mit denen Humboldt dem »Kosmos« von Natur, Geschichte und Gesellschaft begegnet. Es ist der verborgene innovative »Trick«, mit dem Humboldt die enzyklopädische Fülle systematisiert, klassifiziert und untereinander in Beziehung setzt.

Friedrich Engels hat in seiner »Dialektik der Natur« denn auch ausdrücklich dieses »vergleichende Element« bei

Humboldt als den Progreß gegenüber der konservativen Naturanschauung gerühmt und damit Humboldts Werkstattgeheimnis beim Namen genannt. Es ist ein Erkenntnisverfahren, dessen zeitlose Originalität unmittelbar einleuchtet, ein Verfahren, mit dem Humboldt die Phänomene zueinander in Relation gesetzt hat, um aus dieser »Polarität« dann die Steigerung, das Tertium einer neuen Erkenntnis zu gewinnen. Es sind vor allem Vergleiche, bei denen immer wieder Eigenes mit Fremdem, Gegenwärtiges mit Vergangenem wiederholt gespiegelt wird. So resultiert zum Beispiel aus dem Vergleich der Vulkane seine Spaltentheorie, seine Zuordnung der Vulkane zueinander und zur Gebirgsbildung. Indem sich Humboldt hierbei (im Streit der Geologen um die Entstehung der Basalte) von Goethe und Werner abgrenzt, werden seine Forschungen richtungweisend für den Vulkanismus. Auch beim Stromsystem des Orinoco und des Amazonas denkt Humboldt in Bezügen: Ihm gelingt der Beweis für den bis dahin angezweifelten Zusammenhang zwischen beiden Flüssen, indem er vom Rio Negro aus (einem Nebenfluß des Amazonas) auf dem Flußweg, dem Casiquiare, den Orinoco erreicht und somit den Beweis liefert für die »Bifurkation« des Orinoco: Jene Gabelung des Orinoco, die Peter Handke in seinem »Jahr in der Niemandsbucht« poetisch feiert mit den Worten: »Und am Abend, mein Lieber, werden wir die Bifurkation des Orinoco mitmachen ...« Und indem Humboldt marine Temperaturen und Strömungen vergleicht wird er zum Wegbereiter der Ozeanographie, trägt er bei zum Verständnis der Weltmeere, die 70 Prozent der Erdoberfläche bedecken. Indem er die Steppen und Wüsten der Welt vergleicht, begründet er die vergleichende Landschaftskunde. Ja, er entwickelt selber den Begriff der »vergleichenden Erdkunde«, indem er Mittelamerika mit Südamerika vergleicht. Indem er Temperaturen an verschiedenen Orten vergleicht und eine Karte mit den Linien gleicher Jahresmitteltemperaturen entwirft, entwickelt er das System der »Jahresisothermen«. Auch das, was 1955 Hans Ertel den »Humboldt-Effekt« (die tagesperiodische Variation der Schallintensität) nennen wird, verdankt sich Humboldts vergleichenden Messungen der Schallstärke bei Tage und in der Nacht.

Dasselbe gilt für das Gesetz der Abnahme der Totalintensität der magnetischen Feldstärke von den magnetischen Polen der Erde zum magnetischen Äquator: Humboldt entdeckt dieses Gesetz, indem er erdmagnetische Intensitätsbestimmungen miteinander vergleicht. Ja, Humboldt antizipiert hier Vergleichsmöglichkeiten, die erst im 20. Jahrhundert verwirklicht werden: Er initiiert das erste große international organisierte Netzwerk für die Beobachtung des Erdmagnetismus. Und mit seinem synoptischen, den Atlantik und den Stillen Ozean verbindenden Blick, antizipiert er die Idee des Panama-Kanals. Seine vergleichende Methodik erlaubt ihm schließlich auch eine Voraussage, die sich dann 1829 während seiner Sibirienreise erfüllt: das Vorkommen von Diamanten im Ural. Und mit der für ihn charakteristischen (und von Goethes Naturbetrachtung sich früh abgrenzenden) Verbindung von exakter Messung mit ganzheitlicher Naturbetrachtung wird er schließlich zu einem der Pioniere, die die Relevanz der Mathematik für die Natur- und Ingenieurwissenschaften erkennen.

Den größten Teil dieser Forschungsergebnisse hat Humboldt in das gigantische 34bändige, von ihm selbst finanzierte Reisewerk »Voyage aux régions equinoxiales du Nouveau Continent« eingebracht. Aber das eigentliche Ausmaß dieser Amerikareise wird erst deutlich, wenn man in Betracht zieht, daß Humboldt und Bonpland rund 60 000 Pflanzen, darunter 3600 bis dahin unbekannte Spezies gesammelt haben. Humboldt hat so zum Beispiel durch Georginenknollen aus Mexiko die Dahlienzucht in Europa initiiert, und auch die Verwendung von Guano als Naturdünger geht auf seine Anregung zurück. Hinzu kommt, daß Humboldt als Anthropologe und Ethnograph mit seinen avantgardistisch erscheinenden demographischen Statistiken und sozialkritischen Exkursen zu den Wegbereitern der modernen Amerikanistik gehört. Das gilt auch für die Altamerikanistik. Humboldt hat Zeugnisse der alten Hochkulturen, der Zivilisationen der Maya, Azteken, Zapoteken, Mixteken, Inka, Muisca Chibcha, besonders der Peruaner selber ausgewertet und historisch eingeordnet. Ja, er hatte bereits den unorthodoxen Plan, eines der Hauptwerke aztekischer Steinmetzkunst, die Göttin »Coatlicue« (heute im Museo Nacional de Antropologia e Historia in Mexico-Stadt) in den Sälen der preußischen Kunstakademie unmittelbar neben die Nachbildungen klassischer griechischer Statuen zu plazieren.

VII

Zur Langzeitwirkung dieser Reise aber zählt auch, daß Humboldt »aus purem Interesse für die Sache« (Hugo Loetscher) durch sein Amerikawerk einen in Europa seit langer Zeit diskriminierten Kontinent rehabilitiert hat. Zu den Verächtern Lateinamerikas gehörte immerhin der Naturwissenschaftler Buffon, der in Lateinamerika unter anderem den Löwen und den Elefanten vermißte. Aber auch Hume und Voltaire waren von der kulturlosen Inferiorität jener Weltgegend überzeugt, für die dann im 20. Jahrhundert Claude Lévi-Strauss den modernen Terminus nachgeliefert hat: »Traurige Tropen«. Und es ist noch nicht lange her, daß Wolf Lepenies anmahnte: »Wir müssen der außereuropäischen Welt ... wieder eine größere Aufmerksamkeit widmen«. Es gehöre »zur intellektuellen Redlichkeit, daran zu erinnern, daß das Zeitalter der Globalisierung eine Zeit der intellektuellen Kontinentalsperre geblieben ist. Lateinamerika und Afrika müssen weit stärker als bisher in unser Blickfeld rücken« (Rede vom 5. November 1997 beim »Bildungsforum« der Berliner Universitäten).

Die intellektuelle Kontinentalsperre seiner Zeit hatte Humboldt jedenfalls weit geöffnet. Lateinamerika, die Tropen wurden so etwas wie ein Traumland. Vielleicht nicht (Mörikes) »Orplid, das ferne leuchtet«. Eskapistische Sehnsüchte jedenfalls hatte er geweckt. Obgleich bei ihm die Bestätigung des »edlen Wilden« Rousseauscher Prägung fehlt. Aber er hatte doch so etwas wie eine »Gegenwelt« des alten Europa geliefert. Goethe bemerkt denn auch 1828 gegenüber Eckermann: »Es geht uns alten Europäern übrigens mehr oder weniger allen herzlich schlecht, unsere Zustände sind viel zu künstlich und kompliziert, unsere Nahrung und Lebensweise ohne die rechte Natur und unser geselliger Verkehr ohne eigentliche Liebe und Wohlwollen ...« Obgleich Goethe, der Humboldt mehr als irgendeinen anderen Zeitgenossen bewunderte, gegenüber den gigantischen Gebirgs- und Urwald-Panoramen Humboldts nicht ohne Ironie bemerkt hatte, derlei liege »außer den Grenzen meines Kopfes, in den düsteren Regionen, wo die Transsubstantiation hause«; der Leser möchte sich am Ende »einbilden ..., man begreife das Unmögliche«.

»Außer den Grenzen meines Kopfes« – war Humboldt selber in Amerika an »Grenzen« gelangt? Grenzen, die sich dann – im Sinne Enzensbergers – als Widerspruch erweisen sollten, deren Ausmaße er selber nicht mehr überblickte? In der Tat hat er einerseits bereits selber von der Zerstörung der Urwälder gesprochen, »wie die europäischen Aussiedler aller Orten in Amerika mit unvorsichtiger Hast tun«. Andererseits sah er dieselben Wälder, ja ganz Lateinamerika als ein riesiges Reservat für künftige – und nach seinem Verständnis segensreiche – Triumphzüge europäischer

Lebensart im Zeichen des Dampfmaschinen-Zeitalters. Ja, er hat selber durchaus im Sinne des späten Faust Zukunftsvisionen entwickelt. Etwa von der künftigen Nutzung lateinamerikanischer Flußsysteme bis hin zur Kultivierung der Savannen. Und er hat optimistisch Europa und dem südamerikanischen Kontinent eine gemeinsam-brüderliche Zukunft prognostiziert, mit »schönem Wetteifer in der Kultur, in den Künsten, der Industrie und des Handels«.

Die »impliziten eurozentristischen Vorstellungen« (Ette), die in Humboldts Reisewerk immer wieder erkennbar sind, haben ihm andererseits nicht den Blick verdunkelt für die immanente Barbarei der europäischen Zivilisation. Er machte sie vor allem fest in seiner durchgängigen Anprangerung des Sklavenhandels. Zum eurozentristischen Blick Humboldts zählen sicherlich auch seine »erstaunlichen Härten, ja regelrechten Ausfälle« (Ette) im Urteil über die indianischen Stämme Lateinamerikas. Andererseits hat ihn sein hochentwickeltes gegenständliches Denken immer wieder befähigt, in ihnen nicht nur eine »race dégénérée« zu sehen. Der Blick des Anderen, insbesondere der Blick des Indianers, den Humboldt vor allem im Reisetagebuch überraschend häufig fixiert, zählt mit zu den schönsten und anthropologisch modern erscheinenden Einsichten der Humboldtschen Forschungsreise. Eine Wahrnehmungsleistung des Fremden, die um so erstaunlicher ist, da sich Humboldts Habit während der Reise äußerlich betont westlich gibt: Ob im Einbaum, im Sattel oder auf dem Weg zum Cimborazo-Gipfel, stets bleibt er dem preußischen Gehrock, dem Schuhwerk der europäischen Zivilisation treu. Und noch im Urwald, wo er unter Mückenschwärmen auf den Knien jene Tagebücher schreibt, mit deren Entzifferung man erst hundert Jahre nach seinem Tod beginnen wird, noch dort begleitet ihn nach europäischer Manier eine Dogge – bis sie plötzlich, eines Morgens, nicht mehr auffindbar, verschwunden ist. Widersprüche, zu denen auch die Ambivalenz der Wirkungsgeschichte dieses Reisewerks zu rechnen ist: Es hat einerseits wichtige Materialien erschlossen für die Kolonisation, wirtschaftliche Erschließung und Nutzbarmachung Lateinamerikas durch Europa. Andererseits hat Humboldts Beschreibung entscheidendes Referenzmaterial geliefert für das Selbstverständnis und die politische Befreiung Lateinamerikas.

VIII

Wenn Goethe in »Dichtung und Wahrheit« konstatiert: »Der Geist des Widerspruches und die Lust zum Paradoxen steckt in uns allen«, so gilt dies auf besondere Weise für Humboldts Persönlichkeit: Auch er war aus vielen Widersprüchen zusammengesetzt. Aber es waren darunter zahlreiche Widersprüche, die sich – ohne viel dialektische List – als »Segen« für andere erweisen sollten. Man kann hierzu rechnen, daß Humboldt einerseits Aristokrat war mit glänzenden gesellschaftlichen Gaben. Und daß er andererseits zum Protagonisten des aufstrebenden (Bildungs-)Bürgertums seiner Zeit wurde. Einen anderen Widerspruch hat (der ebenfalls von Humboldt geförderte) Leopold von Ranke im März 1860 dingfest gemacht, als er nicht ohne vaterländische Entrüstung über den 1860 erschienenen Briefwechsel Alexander von Humboldts mit Varnhagen von Ense notierte: »Briefe von Humboldt. Der Mann zweier Welten oder Sklave seiner Bedienten, seinem König eine Schlange am Busen. Er beging einen posthumen Selbstmord. Denn daß er so ganz in den Ideen von 89 lebte, hätte doch niemand geahnt. Aber so ist's am preußischen Hofe herkömmlich. So schrieb Voltaire gegen Friedrich«. Humboldt hat mit seinem außerordentlichen diplomatischen Talent in der Tat das Kunststück fertiggebracht, sich als französischer

»Revolutionär« über Jahrzehnte hinweg in der Gunst zweier preußischer Monarchen zu halten. Und dies ohne je seine 89er Gesinnung zu verleugnen an einem Hof, der dann unter Friedrich Wilhelm IV. – mit der pietistisch geprägten Überzeugung, sein Amt von Gott empfangen zu haben – sogar noch weit hinter die Aufklärung zurückfiel. Wie wenig Humboldt seine Gesinnung verleugnete, läßt sich ablesen am Sarkasmus und der Rückhaltlosigkeit, mit der er in diesem Briefwechsel die »kalte buddhistische Hölle« des Potsdamer Hofes kritisiert. Daß er die Ideen der Französischen Revolution völlig unaristokratisch auch privatim praktizierte, daß er seinem Dienerpaar eigene Rechte gab und ihm seine bedeutende Bibliothek vermachte, das mußte freilich als Skandalon empfunden werden in einer Stadt, in die Humboldt 1827 mit größtem Widerwillen (und nur auf Drängen Friedrich Wilhelm III.) zurückgekehrt war.

Denn als eine »moralische Sandwüste, geziert durch Akaziensträucher und blühende Kartoffelfelder« hatte er Berlin bezeichnet. Und damit jenen anderen Widerspruch seines Lebens beim Namen genannt, der ihn zudem als einen völlig »Unzeitgemäßen« erscheinen ließ: die Vorliebe eines Deutschen für Frankreich in einem Land, das in wachsender nationaler Borniertheit und Aggressivität Frankreich eines Tages zum »Erbfeind« erklären sollte. Bereits Goethe hatte sich – wenn auch aus anderen Gründen – als Berlinverweigerer erwiesen (»in ganz Europa kein so gottloser Ort«). Humboldt folgte ihm in dieser Abneigung, indem er (gegenüber dem Geographen Heinrich Berghaus) von »Berlins nebuloser Atmosphäre« spricht, »die den Gesichtskreis ringsum verschleiert, und wo alles und jedes nach der Schreiber-Schablone gemessen wird...« Berlin hat freilich von diesem Widerspruch Humboldts außerordentlich profitiert. Denn Paris war für Humboldt nicht nur die geliebte Stadt der Französischen Revolution. Sie war für ihn, der sogar mit Victor Hugo und Balzac in Verbindung stand, auch die geistige Hauptstadt Europas, die Weltstadt aller Wissenschaften. Mit der Folge, daß Humboldts Übersiedlung nach Berlin einem wahrhaft enzyklopädischen Wissenschafts-Transfer nach Preußen gleichkam. Der dann wesentlich beitragen sollte zur allmählichen Verschiebung des wissenschaftlichen Epizentrums von Paris nach Berlin und dem Erblühen von Wissenschaft und Technik in der Wilhelminischen Ära. Dabei erkannte Humboldt früh die Bedeutung der Grundlagenforschung. Von ihm stammt der unverändert moderne Satz: »In einem Zeitalter, wo man Früchte oft vor der Blüte erwartet und vieles darum zu verachten scheint, weil es nicht unmittelbar Wunden heilt, den Acker düngt, oder Mühlräder treibt, ... vergißt man, daß Wissenschaften einen inneren Zweck haben und verliert das eigentlich literarische Interesse, das Streben nach Erkenntnis, als Erkenntnis, aus dem Auge. Die Mathematik kann nichts von ihrer Würde einbüßen, wenn sie als bloßes Objekt der Spekulation, als unanwendbar zur Auflösung praktischer Aufgaben betrachtet wird. (Denn:) Alles ist wichtig, was die Grenzen unseres Wissens erweitert und dem Geist neue Gegenstände der Wahrnehmung oder neue Verhältnisse zwischen dem Wahrgenommenen darbietet.«

IX

Wenn Humboldt 1842 an den Freiherrn von Bunsen schreibt, daß ihn die »aristokratische Partei ... wütig haßt« und er ihr bestenfalls als »ein tricolorer Lappen« diene, so gibt er damit auch den Blick frei auf die innere Isolation, auf die Einsamkeit, in die er am Ende seines Lebens geraten war. Oder wie er gegenüber Varnhagen von Ense offenbart: »Ich lebe unter dem Schein äußeren Glanzes ... in einer moralischen, gemütlichen Abgeschiedenheit«. Um dann die Bitte hinzuzufügen: »Möchten Sie mit diesem zufrieden sein, der, einsam, den Mut seiner Meinungen hat.« Und gegenüber Karoline von Wolzogen hat er nach dem Tod seines Bruders resigniert bemerkt: »Ich war hauptsächlich in dies Land gekommen, um mit Wilhelm zu leben. Jetzt bleiben mir nur die einengenden Verhältnisse ...«

Dabei hat Humboldts Einsamkeit letztlich auch Gründe, die in den bereits angedeuteten Widersprüchen seiner komplexen Persönlichkeit gründen. Es sind Widersprüche, mit denen er sich bereits früh jeder eindeutigen Zuordnung entzieht. Wie sollte man auch einen Mann klassifizieren, dessen vita sexualis sich Freudschen Deutungsversuchen mangels Beweisen hartnäckig entzieht. Und der seine Zeitgenossen immer wieder verblüfft durch die rätselhafte Verschränkung von liebenswürdig-weltläufiger Bonhomie mit zähester Verfolgung seiner Zielsetzungen. Zudem ein Mann, dessen Redefluß gelegentlich die Untiefen von Klatsch und Geschwätzigkeit erreicht und der zugleich immer wieder Proben seines glänzenden diplomatischen Geschicks ablegt, der durch gesellige Konversation entzückt, der ein glänzender Tänzer und zugleich unmusikalisch ist. Der in Gesellschaft hoch willkommen ist und dessen sarkastisch vergiftete Moquerie-Pfeile man andererseits stets fürchten muß. Der selber eitel und bescheiden zugleich ist, und der es gleichzeitig liebt, die Schwächen anderer aufzudecken. Und der kritische Schärfe und schlagfertigen Witz mit grenzenloser – gelegentlich vertrauensseliger – Hilfsbereitschaft und Uneigennützigkeit verbindet.

Überhaupt ist Humboldt, dessen Biographie (mit den zugehörigen Portraits) vom Pastell des Rokoko bis zur Daguerreotypie der Neuzeit reicht, letztlich nicht verständlich ohne sein Genie der Plazierung zwischen allen Stühlen. Als Deutscher in Frankreich verdächtig für Napoleon, muß er sich in Deutschland von seinem eigenen Bruder den Vorwurf gefallen lassen als Frankreich-Verehrer ungenügenden Patriotismus zu zeigen. Als Freund der Französischen Revolution findet er sich im Deutschland der Restauration wieder als Kammerherr eines bigotten Monarchen. Verwirrend für die Zeitgenossen auch die beispiellose Geschwindigkeit und Kompetenz, mit der er als preußischer Beamter in nur drei Jahren vom Assessor (1792) zum Oberbergrat (1795) avanciert mit glänzenden Zukunftsperspektiven. Um dann (mit der Erbschaft seiner Mutter) von einem Tag auf den anderen zum Aussteiger zu mutieren. Einer, der Europa den Rücken kehrt, um in einem diskreditierten Kontinent sein abenteuerliches Herz mit exaktesten Messungen zu verbinden. Der Vulkane erklimmt und Höhenrekorde mit derselben Hartnäckigkeit aufstellt, mit der er Archive durchstöbert und seine Reise auswertet. Der in seiner Kindheit als kränklich gilt und sich nur langsam entwickelt und noch als Sechzigjähriger eine physische Parforce-Tour nach Sibirien absolviert, auf der er mühelos in weniger als neun Monaten rund fünfzehntausend Kilometer (mit zwölftausendzweihundertvierundvierzig Pferden und Halt auf sechshundertachtundfünfzig Poststationen) zurücklegt. Eine Forschungsreise übrigens – im Auftrag des Zaren –, die mit ihrer überwältigenden Fülle naturwissenschaftlicher Beobachtungen und Messungen nach wie vor zu Unrecht im Schatten der amerikanischen Reise steht.

Humboldt hat von sich selber behauptet: »Ich bin Autodidakt in fast allen Wissenschaften...« Und doch ist ihm das Kunststück geglückt, als Universalgelehrter in die Geschichte einzugehen. Als jener, dem die bedeutendste wissenschaftliche Expedition gelang, die je ein Privatgelehrter ohne Inanspruchnahme von »Drittmitteln« und »Sponsoren« gewagt hat. Mit dem Ergebnis, daß er am Ende mittellos auf sein Kammerherr-Salär vom preußischen Hofe angewiesen war. Und der seine Expedition einerseits (für die

Öffentlichkeit) in umständlichen Partizipialkonstruktionen schildert, weiß andererseits in seinen Reisetagebüchern mit einer atemberaubenden Frische und Lakonik den Augenblick festzuhalten. Der Aristokrat, der die soziale Hierarchie negiert, wird Mitbegründer und erster Kanzler des vornehmsten Ordens (»Friedensklasse« des »Ordre Pour le mérite«), erscheint aber bei Hofe im abgetragenen Frack. Er antizipiert die Moderne in mehr als einem Betracht und sorgt zugleich mit seinem altmodischen Habit für Unmut und Aufsehen bei den à la mode gekleideten Vertretern seines Standes: »Blauer Frack, Knöpfe aus Gold, die Weste gelb, gestreifte Hosen, weiße Halsbinde, schwarzer, abgetragener Hut: seine Kleidung war stehengeblieben seit den Zeiten des Directoire« (Enzensberger).

Eine Ambivalenz, zu der auch paßt, daß Humboldt in einer Epoche der heraufkommenden industriellen Arbeitsteilung als Einzelner noch einmal eine umfassende Bestandsaufnahme der Natur versucht. Einer Natur, die für ihn weit mehr bedeutete als das bloße Hegelsche »Außersichsein des Geistes«. Ein Versuch, bei dem freilich sein im Goetheschen Sinne ganzheitliches naturästhetisches Konzept zunehmend in Widerspruch gerät zu jenen auseinanderdriftenden Einzeldisziplinen der Naturwissenschaft, die er selbst durch seine Beobachtungen und exakten Messungen gefördert hat. Sein Lateinamerika-Bericht, der bereits Ansätze von Ökologie und »sustainable development« aufweist, wird zugleich zum Informationsfundus für eine gegenteilige Ressourcen-Politik der europäischen Kolonialmächte.

Georg Forster, für Humboldt einer der wichtigsten Mentoren in Sachen wissenschaftlicher Forschungsreisen, dessen Begeisterung für die Französische Revolution mit seinem Tod als Mainzer Jakobiner im Pariser Exil (1794) ein frühes Ende fand, Forster hatte immerhin festgehalten: »Wahrlich! Wenn die Wissenschaft und Gelehrsamkeit einzelner Menschen auf Kosten der Glückseligkeit ganzer Nationen erkauft werden muß; so wär' es für die Entdecker und Entdeckten besser, daß die Südsee den unruhigen Europäern ewig unbekannt geblieben wäre!« Die Geschichte ist anders verlaufen. In der Südsee Forsters und im Lateinamerika Humboldts. Sicher ist jedoch, daß Humboldts Lateinamerikawerk »uns aus der historischen Distanz die Möglichkeit bietet, die Geschichte unserer Wahrnehmung des Anderen zu erfahren« (Ette).

X

Die Geschichte unserer eigenen Wahrnehmung ist allerdings noch keineswegs abgeschlossen. Immerhin wurde 1956 die Alexander von Humboldt-Kommission der Deutschen Akademie der Wissenschaften zu Berlin gegründet, deren Langzeitvorhaben (unter anderem die Edition des umfangreichen handschriftlichen Nachlasses) inzwischen vorbildliche Ergebnisse vorweisen kann. Und immerhin liegt inzwischen eine mustergültige (von Hanno Beck herausgegebene) achtbändige Ausgabe der wichtigsten Werke Humboldts in deutscher Sprache vor. Doch nach wie vor fehlt eine historisch-kritische Gesamtausgabe. Und unveröffentlicht sind unter anderem immer noch mehrere tausend handschriftlich überlieferte Briefe Humboldts.

Zur Geschichte unserer eigenen Wahrnehmung Humboldts gehört freilich auch seine unterschiedliche Inanspruchnahme im Dritten Reich und in der DDR. Schwer zu sagen, wieviel vom Ruhm Humboldts am Ende des 19. Jahrhunderts und zu Beginn unseres Jahrhunderts nur noch mathematischer Respekt war angesichts der Höhe des erreichten Alters und eines Lebenswerks, das sich für die Nachwelt allmählich reduzierte auf die fünfbändige »Kosmos«-Ausgabe. Immer seltener gelesen, zierte sie lange die bildungsbürgerlichen Bücherschränke. Und daß Alexander von Humboldt in Berlin die »Linden« zieren durfte, ist dem Mitbegründer der Deutschen Fortschrittspartei Rudolf Virchow zu verdanken, der Humboldt offenbar doch für fortschrittlich genug hielt, um ihn mit einem Denkmal zu ehren, zum 100. Geburtstag. Eine Initiative, die bezeichnenderweise ins Stocken geriet durch den Krieg Deutschlands gegen das von Humboldt so geliebte Frankreich. Erst 1883 – nachdem Rektor und akademischer Senat der (seit 1949 Humboldt-Universität genannten) Friedrich-Wilhelms-Universität für ein Denkmal auch Wilhelm von Humboldts plädieren – wird sein Denkmal in Gegenwart Kaiser Wilhelms I. eingeweiht.

Mit ähnlich hoher Ehrenbezeugung kann Alexander von Humboldt dann spätestens im Dritten Reich nicht mehr rechnen. Als notorischer Franzosen- und Judenfreund ist er »kein Liebling der Nation und offenbar nur schwer in den Dienst des Faschismus zu stellen« (Rupke). Dafür reüssiert er dann aber um so auffälliger in der DDR, die ihn als Protagonisten ihrer Beziehungen zu Lateinamerika, der Sowjetunion und Kuba vereinnahmt. Er wird so kurzerhand zum »berühmtesten sozialistischen Naturwissenschaftler« (Rupke) erklärt.

In den USA hatte Humboldt 1804 selber noch freundschaftliche Beziehungen aufgenommen, unter anderem zu Jefferson und Madison. Er zögert allerdings nicht, den Krieg der USA gegen Mexiko (1846-1848) – getreu seiner französischen Revolutions-Gesinnung – zu kommentieren mit den Worten: »Die Eroberungen der republikanischen Amerikaner mißfallen mir höchlichst – Ich wünsche ihnen alles Unglück im tropischen Mexiko. Ich überlasse ihnen den Norden, wo sie dann ihr verruchtes Sklavenwesen verbreiten werden«. Gleichwohl wird später, in Berlin, Humboldt als Vater der bürgerlichen Freiheiten Amerikas und

Förderer des Republikanismus zum Ziel veritabler Pilgerreisen amerikanischer Bewunderer. Unter ihnen (1855) der Präsident der Vereinigten Staaten, Millard Fillmore: Eine Ehre, die seitdem schwerlich einem Wissenschaftler wieder zuteil geworden sein dürfte. Und die USA können sich denn auch rühmen, Humboldt als erstes Land mit einer Statue zu ehren: 1869, zum hundertsten Geburtstag, im Central Park in New York. Weitere Statuen folgen in Philadelphia und St. Louis.

So viel rückhaltlose Bewunderung ist freilich in Deutschland nie erkennbar geworden. Vielleicht ist das Ausmaß seines Lebenswerkes zu gigantisch, sein Charakter zu facettenreich. Vielleicht ist der intellektuelle Reichtum dieses uneigennützigen Verschwenders seines Vermögens dem geistigen und materiellen Justemilieu unserer Republik zu fremd, um zu erkennen, was er uns heute bedeuten könnte. Zum Beispiel in Sachen internationaler und interdisziplinärer Wissenschaftspolitik, in Sachen interkulturellen Lernens und einer Kulturaußenpolitik, die im Inland anfängt. Als der greise Metternich, den die politische Fortune längst verlassen hatte, illusionslos den »Urgreis« Humboldt beglückwünschend hinweist auf dessen inniges Verhältnis zur unwandelbaren, bleibenden Natur, antwortet ihm Humboldt in seiner winzigen, schwer dechiffrierbaren Schrift (Humboldt litt seit seiner Amerika-Reise an einem rheumatischen Leiden in der rechten Schulter, das ihn bis an sein Lebensende zwang, Briefe auf übereinandergeschlagenen Oberschenkeln zu schreiben): »Man dürfe nie als starr ansehen, was seinem Wesen nach unabgeschlossen und wandelbar sei«.

Humboldts eigenes Wesen war und ist von dieser Art. Es ist von grandioser Unabgeschlossenheit und von jener Unvollkommenheit, die produktiv macht. Humboldts – in Vergessenheit geratenes – Motto lautete jedenfalls: »Der

Mensch muß das Gute und Große wollen«. Und vielleicht war Goethe der einzige Zeitgenosse, dem dieses Motto sehr viel mehr war als eine Leerformel. Er hat denn auch – 1828 gegenüber Eckermann – Humboldts inkommensurable Persönlichkeit auf die bis auf weiteres gültige Formel gebracht: »Was ist das für ein Mann! Ich kenne ihn so lange, und doch bin ich von neuem über ihn in Erstaunen. Man kann sagen, er hat an Kenntnissen und lebendigem Wissen nicht seinesgleichen. Und eine Vielseitigkeit, wie sie mir gleichfalls noch nicht vorgekommen ist. Wohin man rührt, er ist überall zu Hause und überschüttet uns mit geistigen Schätzen. Er gleicht einem Brunnen mit vielen Röhren, wo man überall nur Gefäße unterzuhalten braucht und wo es uns immer erquicklich und unerschöpflich entgegenströmt.«

Bonn, März 1999 *Manfred Osten*

Reiseberichte

REISE IN DIE ÄQUINOKTIAL-GEGENDEN DES NEUEN KONTINENTS

Reisevorbereitungen

Im März 1799 wurde ich dem Hofe von Aranjuez vorgestellt. Der König nahm mich äußerst wohlwollend auf. Ich entwickelte die Gründe, die mich bewogen, eine Reise in den neuen Kontinent und auf die Philippinen zu unternehmen, und reichte dem Staatssekretär eine darauf bezügliche Denkschrift ein. Der Ritter d'Urquijo unterstützte mein Gesuch und räumte alle Schwierigkeiten aus dem Wege. Der Minister handelte hierbei desto großmütiger, da ich in gar keiner persönlichen Beziehung zu ihm stand. Der Eifer, mit dem er fortwährend meine Absichten unterstützte, hatte keinen anderen Beweggrund, als seine Liebe zu den Wissenschaften. Es wird mir zur angenehmen Pflicht, in diesem Werke der Dienste, die er mir erwiesen, dankbar zu gedenken.

Ich erhielt zwei Pässe, den einen vom ersten Staatssekretär, den anderen vom Rat von Indien. Nie war einem Reisenden mit der Erlaubnis, die man ihm erteilte, mehr zugestanden worden, nie hatte die spanische Regierung einem Fremden größeres Vertrauen bewiesen. Um alle Bedenken zu beseitigen, welche die Vizekönige oder Generalkapitäne, als Vertreter der königlichen Gewalt in Amerika, hinsichtlich des Zweckes und Wesens meiner Beschäftigungen erheben könnten, hieß es im Paß der primera secretaria de estado: »ich sei ermächtigt, mich meiner physikalischen und geodätischen Instrumente mit voller Freiheit zu bedienen; ich dürfe in allen spanischen Besitzungen astronomische Beobachtungen anstellen, die Höhen der Berge messen, die Erzeugnisse des Bodens sammeln und alle Operationen ausführen, die ich zur Förderung der Wissenschaft vorzunehmen gut finde«. Diese Befehle von seiten des Hofes wurden genau befolgt, auch nachdem infolge der Ereignisse Don d'Urquijo vom Ministerium hatte abtreten müssen. Ich meinerseits war bemüht, diese sich nie verleugnende Freundlichkeit zu erwidern. Ich übergab während meines Aufenthaltes in Amerika den Statthaltern der Provinzen Abschriften des von mir gesammelten Materials über die Geographie und Statistik der Kolonien, das dem Mutterlande von einigem Wert sein konnte. Dem von mir vor meiner Abreise gegebenen Versprechen gemäß übermachte ich dem naturhistorischen Kabinett zu Madrid mehrere geologische Sammlungen. Da der Zweck unserer Reise ein rein wissenschaftlicher war, so hatten Bonpland und ich das Glück, uns das Wohlwollen der Kolonisten wie der mit der Verwaltung dieser weiten Landstriche betrauten Europäer zu erwerben. In den fünf Jahren, während derer wir den neuen Kontinent durchzogen, sind wir niemals einer Spur von Mißtrauen begegnet. Mit Freude spreche ich es hier aus: unter den härtesten Entbehrungen, im Kampfe mit einer wilden Natur haben wir uns nie über menschliche Ungerechtigkeit zu beklagen gehabt.

Von Madrid nach Coruña

Wir verließen Madrid gegen die Mitte Mais. Wir reisten durch einen Teil von Altkastilien, durch das Königreich Leon und Galicien nach Coruña, wo wir uns nach der Insel Cuba einschiffen sollten. Der Winter war streng und lang gewesen, und jetzt genossen wir auf der Reise der milden Frühlingstemperatur, die schon so weit gegen Süd gewöhnlich nur den Monaten Mai und April eigen ist. Schnee bedeckte noch die hohen Granitgipfel der Guadarrama; aber in den tiefen Tälern Galiciens, welche an die malerischen Landschaften der Schweiz und Tirols erinnern, waren alle Felsen mit Citrus in voller Blüte und baumartigem Heidekraut überzogen. Man ist froh, wenn man die kastilische Hochebene hinter sich hat, welche fast ganz von Pflanzenwuchs entblößt und wo es im Winter empfindlich kalt, im Sommer drückend heiß ist.

Kommt man im Königreich Valencia von der Küste des Mittelmeeres gegen die Hochebene von Mancha und Kastilien herauf, so meint man, tief im Lande, in weithin gestreckten schroffen Abhängen die alte Küste der Halbinsel vor sich zu haben. Dieses merkwürdige Phänomen erinnert an die Sagen der Samothraker und andere geschichtliche Zeugnisse, welche darauf hinzuweisen scheinen, daß durch den Ausbruch der Wasser aus den Dardanellen das Becken des Mittelmeeres erweitert und der südliche Teil Europas zerrissen und vom Mittelmeer verschlungen worden ist. Nimmt man an, diese Sagen seien keine geologischen Träume, sondern beruhen wirklich auf der Erinnerung an eine uralte Umwälzung, so hätte die spanische Centralhochebene dem Anprall der gewaltigen Fluten widerstanden, bis die Wasser durch die zwischen den Säulen des Herkules sich bildende Meerenge abflossen, so daß der Spiegel des Mittelmeeres allmählich sank und einerseits Niederägypten, andererseits die fruchtbaren Ebenen von Tarragona, Valencia und Murcia trockengelegt wurden. Was mit der Bildung des Meeres zusammenhängt, dessen Dasein von so bedeutendem Einfluß auf die frühesten Kulturbewegungen der Menschheit war, ist von ganz besonderem Interesse. Man könnte denken, Spanien, das sich als ein Vorgebirge inmitten der Meere darstellt, verdanke seine Erhaltung seinem hochgelegenen Boden; ehe man aber auf solche theoretische Vorstellungen Gewicht legt, müßte man erst die Bedenken beseitigen, die sich gegen die Durchbrechung so vieler Dämme erheben, müßte man wahrscheinlich zu machen suchen, daß das Mittelmeer einst in mehrere abgeschlossene Becken geteilt gewesen, deren alte Grenzen durch Sizilien und die Insel Kandia angedeutet scheinen. Die Lösung dieser Probleme soll uns hier nicht beschäftigen, wir beschränken uns darauf, auf den auffallenden Kontrast in der Gestaltung des Landes am östlichen und am westlichen Ende Europas aufmerksam zu machen. Zwischen dem Baltischen und dem Schwarzen Meer erhebt sich das Land gegenwärtig kaum 97,5 m über den Spiegel des Ozeans, während die Hochebene von Mancha, wenn sie zwischen den Quellen des Niemen und des Dnjepr läge, sich als eine Gebirgsgruppe von bedeutender Höhe darstellen würde. Es ist höchst anziehend, auf die Ursachen zurückzugehen, durch welche die Oberfläche unseres Planeten umgestaltet worden sein mag; sicherer ist es aber, sich an diejenigen Seiten der Erscheinungen zu halten, welche der Beobachtung und Messung des Forschers zugänglich sind.

In Coruña angelangt, fanden wir den Hafen von zwei englischen Fregatten und einem Linienschiff blockiert. Diese Fahrzeuge sollten den Verkehr zwischen dem Mutterlande und den Kolonien in Amerika unterbrechen; denn von Coruña, nicht von Cadiz lief damals jeden Monat ein Paketboot (Correo maritimo) nach der Havanna aus, und alle zwei Monate ein anderes nach Buenos Aires oder der Mündung des La Plata. Ich werde später den Zustand der Posten auf dem neuen Kontinent genau beschreiben; hier nur so viel, daß seit dem Ministerium des Grafen Florida Blanca der Dienst der »Landkuriere« so gut eingerichtet ist, daß einer in Paraguay oder in der Provinz Jaen de Bracamores nur durch sie ziemlich regelmäßig mit einem in Neumexiko oder an der Küste von Neukalifornien korrespondieren kann, also so weit, wie es von Paris nach Siam oder von Wien an das Kap der guten Hoffnung ist. Ebenso gelangt ein Brief, den man in einer kleinen Stadt in Aragonien zur Post gibt, nach Chile oder in die Missionen am Orinoko, wenn nur der Name des Corregimiento oder Bezirkes, in dem das betreffende indianische Dorf liegt, genau angegeben ist. Mit Vergnügen verweilt der Gedanke bei Einrichtungen, die *für eine der größten Wohltaten der Kultur der neueren Zeit* gelten können. Die Einrichtungen der Kuriere zur See und im inneren Lande hat das Band zwischen den Kolonien unter sich und mit dem Mutterlande enger geknüpft. Der Gedankenaustausch wurde dadurch beschleunigt, die Beschwerden der Kolonisten drangen leichter nach Europa, und die Staatsgewalt konnte hin und wieder Bedrückungen ein Ende machen, die sonst aus so weiter Ferne nie zu ihrer Kenntnis gelangt wären.

Der Minister hatte uns ganz besonders dem Brigadier Don Rafael Clavijo empfohlen, der seit kurzem die Oberaufsicht über die Seeposten hatte. Dieser Offizier, bekannt als ausgezeichneter Schiffsbauer, war in Coruña mit der Einrichtung neuer Werften beschäftigt. Er bot alles auf, um uns den Aufenthalt im Hafen angenehm zu machen, und gab uns den Rat, uns auf der Korvette Pizarro einzuschiffen, die nach der Havanna und Mexiko ging. Dieses Fahrzeug, das die Post für Juni an Bord hatte, sollte mit der Alcudia segeln, dem Paketboot für den Mai, das wegen der *Blockade* seit drei Wochen nicht hatte auslaufen können. Der Pizzaro galt für keinen guten Segler, aber durch einen glücklichen Zufall war er vor kurzem auf seiner langen Fahrt vom Rio de la Mata nach Coruña den kreuzenden englischen Fahrzeugen entgangen. Clavijo ließ an Bord der Korvette Einrichtungen treffen, daß wir unsere Instrumente aufstellen und während der Überfahrt unsere chemischen Versuche über die atmosphärische Luft vornehmen konnten. Der Kapitän des Pizarro erhielt Befehl, bei Teneriffa so lange anzulegen, daß wir den Hafen von Orotava besuchen und den Gipfel des Piks besteigen könnten.

Die Einschiffung verzögerte sich nur zehn Tage, dennoch

kam uns der Aufenthalt gewaltig lang vor. Wir benutzten die Zeit, die Pflanzen einzulegen, die wir in den schönen, noch von keinem Naturforscher betretenen Tälern Galiciens gesammelt; wir untersuchten die Tange und Weichtiere, welche die Flut von Nordwest her in Menge an den Fuß des steilen Felsens wirft, auf dem der Wachtturm des Herkules steht. Dieser Turm, auch »der eiserne Turm« genannt, wurde im Jahre 1788 restauriert. Er ist 30 m hoch, seine Mauern sind 1,46 m dick, und nach seiner Bauart ist er unzweifelhaft ein Werk der Römer. Eine in der Nähe der Fundamente gefundene Inschrift besagt, der sei von Cajus Servius Lupus, Architekten der Stadt Aqua Flavia (Chaves), erbaut und dem Mars geweiht. Warum heißt der eiserne Turm der Herkulesturm? Sollten ihn die Römer auf den Trümmern eines griechischen oder phönizischen Bauwerkes errichtet haben? Wirklich behauptet Strabo, Galicien, das Land der Galläci, sei von griechischen Kolonien bevölkert gewesen. Nach einer Angabe des Asklepiades von Myrtäa in seiner Geographie von Spanien hätten sich nach einer alten Sage die Gefährten des Herkules in diesen Landstrichen niedergelassen.

Eine Aufregung des Meeres von Nordwest her unterbrach unsere Versuche über die Meerestemperatur in der Bai von Ferrol. Die Wellen gingen so hoch, weil auf offener See ein heftiger Wind geweht hatte, in dessen Folge die englischen Schiffe sich hatten von der Küste entfernen müssen. Man wollte die Gelegenheit zum Auslaufen benutzen; man schiffte alsbald unsere Instrumente, unsere Bücher, unser ganzes Gepäck ein; aber der Westwind wurde immer stärker, und man konnte die Anker nicht lichten. Wir benutzten den Aufschub, um an unsere Freunde in Deutschland und Frankreich zu schreiben. *Der Augenblick, wo man zum ersten Mal von Europa scheidet, hat etwas Ergreifendes.* Wenn man sich noch so bestimmt vergegenwärtigt, wie stark der Verkehr zwischen beiden Welten ist, wie leicht man bei den großen Fortschritten der Schiffahrt über den Atlantischen Ozean gelangt, der, der Südsee gegenüber, ein nicht sehr breiter Meeresarm ist, das Gefühl, mit dem man zum erstenmal eine weite Seereise antritt, hat immer etwas tief Aufregendes. Es gleicht keiner der Empfindungen, die uns von früher Jugend auf bewegt haben. Getrennt von den Wesen, an denen unser Herz hängt, im Begriff, gleichsam den Schritt in ein neues Leben zu tun, ziehen wir uns unwillkürlich in uns selbst zusammen, und über uns kommt ein Gefühl des Alleinseins, wie wir es nie empfunden.

Ein dichter Nebel, der den Horizont bedeckte, verkündete endlich die sehnlich erwartete Änderung des Wetters. Am 4. Juni 1799 abends drehte sich der Wind nach Nordost, welche Windrichtung an der Küste von Galicien in der schönen Jahreszeit für sehr beständig gilt. Am fünften ging der Pizarro wirklich unter Segel, obgleich wenige Stunden zuvor die Nachricht angelangt war, eine englische Eskader sei vom Wachtposten Sisarga signalisiert worden und scheine nach der Mündung des Tajo zu segeln. Die Leute, welche unsere Korvette die Anker lichten sahen, äußerten laut, ehe drei Tage vergehen, seien wir aufgebracht und mit dem Schiffe, dessen Los wir teilen müßten, auf dem Wege nach Lissabon. Diese Prophezeiung beunruhigte uns um so mehr, als wir in Madrid Mexikaner kennengelernt hatten, die sich dreimal in Cadiz nach Veracruz eingeschifft hatten, jedesmal aber fast unmittelbar vor dem Hafen aufgebracht worden und über Portugal nach Spanien zurückgekehrt waren.

Um zwei Uhr nachmittags war der Pizarro unter Segel. Der Kanal, durch den man aus dem Hafen von Coruña fährt, ist lang und schmal; da er sich gegen Nord öffnet und der Wind uns entgegen war, mußten wir acht kleine Schläge machen, von denen drei so gut wie verloren waren. Gewendet wurde immer äußerst langsam, und einmal, unter dem

Fort St. Amarro, schwebten wir in Gefahr, da uns die Strömung sehr nahe an die Klippen trieb, an denen sich das Meer mit Ungestüm bricht. Unsere Blicke hingen am Schloß St. Antonio, wo damals der unglückliche Malaspina als Staatsgefangener saß. Im Augenblick, da wir Europa verließen, um Länder zu besuchen, welche dieser bedeutende Forscher mit so vielem Erfolg bereist hat, hätte ich mit meinen Gedanken gern bei einem minder traurigen Gegenstande verweilt. – Um sechseinhalb Uhr kamen wir am Turm des Herkules vorüber, von dem oben die Rede war, der Coruña als Leuchtturm dient, und auf dem man seit den ältesten Zeiten ein Steinkohlenfeuer unterhält. Der Schein dieses Feuers steht in schlechtem Verhältnis mit dem schönen, stattlichen Bauwerk; es ist so schwach, daß die Schiffe es erst gewahr werden, wenn sie bereits Gefahr laufen zu stranden. Bei Einbruch der Nacht wurde die See sehr unruhig und der Wind bedeutend frischer. Wir steuerten gegen Nordwest, um nicht den englischen Fregatten zu begegnen, die, wie man glaubte, in diesen Strichen kreuzten. Gegen neun Uhr sahen wir das Licht in einer Fischerhütte von Sisarga, das letzte, was uns von der Küste von Europa zu Gesicht kam. Mit der zunehmenden Entfernung verschmolz der schwache Schimmer mit dem Licht der Sterne, die am Horizont aufgingen, und unwillkürlich blieben unsere Blicke daran hängen. *Dergleichen Eindrücke vergißt einer nie, der in einem Alter, wo die Empfindung noch ihre volle Tiefe und Kraft besitzt, eine weite Seereise angetreten hat.* Welche Erinnerungen werden in der Einbildungskraft wach, wenn so ein leuchtender Punkt in finsterer Nacht, der von Zeit zu Zeit aus den bewegten Wellen aufblitzt, die Küste des Heimatlandes bezeichnet!

Wir mußten die oberen Segel einziehen. Wir segelten zehn Knoten in der Stunde, obgleich die Korvette nicht zum Schnellsegeln gebaut war. Um sechs Uhr morgens wurde das

Schlingern so heftig, daß die kleine Bramstenge brach. Der Unfall hatte indessen keine schlimmen Folgen. Wir brauchten zur Überfahrt von Coruña nach den Kanarien dreizehn Tage, und dies war lang genug, um uns in so stark befahrenen Strichen wie die Küsten von Portugal der Gefahr auszusetzen, auf englische Schiffe zu stoßen. Die ersten drei Tage zeigte sich kein Segel am Horizont, und dies beruhigte nachgerade unsere Mannschaft, die sich auf kein Gefecht einlassen konnte.

Am 7. liefen wir über den Parallelkreis von Kap Finisterre.

Am 8. bei Sonnenuntergang wurde von den Masten ein englisches Konvoi signalisiert, das gegen Südost an der Küste hinsteuerte. Ihm zu entgehen, wichen wir die Nacht hindurch aus unserem Kurs. Damit durften wir in der großen Kajüte kein Licht mehr haben, um nicht von weitem bemerkt zu werden. Diese Vorsicht, die an Bord aller Kauffahrer beobachtet wird und in dem Reglement für die Paketboote der königlichen Marine vorgeschrieben ist, brachte uns tödliche Langeweile auf den vielen Überfahrten, die wir in fünf Jahren zu machen hatten. Wir mußten uns fortwährend der Blendlaternen bedienen, um die Temperatur des Meerwassers zu beobachten oder an der Teilung der astronomischen Instrumente die Zahlen abzulesen. In der heißen Zone, wo die Dämmerung nur einige Minuten dauert, ist man unter diesen Umständen schon um sechs Uhr abends außer Tätigkeit gesetzt. Dies war für mich um so verdrießlicher, als ich vermöge meiner Konstitution nie seekrank wurde und, so oft ich an Bord eines Schiffes war, immer großen Trieb zur Arbeit fühlte.

Eine Fahrt von der spanischen Küste nach den Kanarien und von da nach Südamerika bietet wenig Bemerkenswertes, zumal in der guten Jahreszeit. Es ist weniger Gefahr dabei als oft bei der Überfahrt über die großen Schweizer Seen.

Bevor ich die Alte Welt verlasse und in die Neue übersetze, habe ich einen Gegenstand zu berühren, der allgemeineres Interesse bietet, weil er sich auf die Geschichte der Menschheit und die historischen Verhängnisse bezieht, durch welche ganze Volksstämme vom Erdboden verschwunden sind. Auf Cuba, St. Domingo, Jamaika fragt man sich, wo die Ureinwohner dieser Länder hingekommen sind; auf Teneriffa fragt man sich, was aus den Guanchen geworden ist, deren in Höhlen versteckte, vertrocknete Mumien ganz allein der Vernichtung entgangen sind. Im 15. Jahrhundert holten fast alle Handelsvölker, besonders aber die Spanier und Portugiesen, Sklaven von den Kanarien, *wie man sie jetzt von der Küste von Guinea holt*. Die christliche Religion, die in ihren Anfängen die menschliche Freiheit so mächtig förderte, mußte der europäischen Habsucht als Vorwand dienen. Jedes Individuum, das gefangen wurde, ehe es getauft war, verfiel der Sklaverei. Zu jener Zeit hatte man noch nicht zu beweisen gesucht, daß der Neger ein Mittelding zwischen Mensch und Tier ist; der gebräunte Guanche und der afrikanische Neger wurden auf dem Markte zu Sevilla miteinander verkauft, und man stritt nicht über die Frage, ob nur Menschen mit schwarzer Haut und Wollhaar der Sklaverei verfallen sollen.

Auf dem Archipel der Kanarien bestanden mehrere kleine, einander feindlich gegenüberstehende Staaten. Oft war dieselbe Insel zwei unabhängigen Fürsten unterworfen, wie in der Südsee und überall, wo die Kultur noch auf tiefer Stufe steht. Die Handelsvölker befolgten damals hier dieselbe arglistige Politik wie jetzt auf den Küsten von Afrika: *sie leisteten den Bürgerkriegen Vorschub*. So wurde ein Guanche Eigentum des anderen, und dieser verkaufte jenen den Europäern; manche zogen den Tod der Sklaverei vor und töteten sich und ihre Kinder. So hatte die Bevölkerung der Kanarien durch den Sklavenhandel, durch die Menschenräuberei der Piraten, besonders aber durch lange blutige Zwiste bereits starke Verluste erlitten, als Alonso de Lugo sie vollends eroberte. Den Überrest der Guanchen raffte im Jahre 1494 größtenteils die berühmte Pest, die sogenannte Modorra hin, die man den vielen Leichen zuschrieb, welche die Spanier nach der Schlacht bei Laguna hatten frei liegen lassen. Wenn ein halbwildes Volk, das man um sein Eigentum gebracht, im selben Land neben einer zivilisierten Nation leben muß, so sucht es sich in den Gebirgen und Wäldern zu isolieren. Inselbewohner haben keine andere Zuflucht, und so war das herrliche Volk der Guanchen zu Anfang des 17. Jahrhunderts so gut wie ausgerottet; außer ein paar alten Männern in Candelaria und Guimar gab es keine mehr.

Es ist ein tröstlicher Gedanke, daß die Weißen es nicht immer verschmäht haben, sich mit den Eingeborenen zu vermischen; aber die heutigen Kanarier, die bei den Spaniern schlechtweg Isleños heißen, haben triftige Gründe, eine solche Mischung in Abrede zu ziehen. In einer langen Geschlechtsfolge verwischen sich die charakteristischen Merkmale der Rassen, und da die Nachkommen der Andalusier, die sich auf Teneriffa niedergelassen, selbst von ziemlich dunkler Gesichtsfarbe sind, so kann die Hautfarbe der Weißen durch die Kreuzung der Rassen nicht merkbar verändert worden sein. Es ist Tatsache, daß gegenwärtig kein Eingeborener von reiner Rasse mehr lebt.

Kurz nach der Entdeckung von Amerika, als Spanien den Gipfel seines Ruhmes erstiegen hatte, war es Brauch, die sanfte Gemütsart der Guanchen zu rühmen, wie man in unserer Zeit die Unschuld der Bewohner von Tahiti gepriesen hat. Bei beiden Bildern ist das Kolorit glänzender als wahr. Wenn die Völker, erschöpft durch geistige Genüsse, in der

Verfeinerung der Sitten nur Keime der Entartung vor sich sehen, so finden sie einen eigenen Reiz in der Vorstellung, daß in weit entlegenen Ländern, beim Dämmerlicht der Kultur, in der Bildung begriffene Menschenvereine eines reinen, ungestörten Glückes genießen. Diesem Gefühl verdankt Tacitus zum Teil den Beifall, der ihm geworden, als er den Römern, den Untertanen der Cäsaren, die Sitten der Germanen schilderte. Dasselbe Gefühl gibt den Beschreibungen der Reisenden, die seit dem Ende des verflossenen Jahrhunderts die Inseln des Stillen Ozeans besucht haben, den unbeschreiblichen Reiz.

Die Einwohner der zuletzt genannten Inseln, die man wohl zu stark gepriesen hat und die einst Menschenfresser waren, haben in mehr als einer Beziehung Ähnlichkeit mit den Guanchen von Teneriffa. Beide sehen wir unter dem Joche eines feudalen Regimentes seufzen, und bei den Guanchen war diese Staatsform, welche so leicht Kriege herbeiführt und sie nicht enden läßt, durch die Religion geheiligt. Die Priester sprachen zum Volk: »Achaman, der große Geist, hat zuerst die Edlen, die Achimenceys, geschaffen und ihnen alle Ziegen in der Welt zugeteilt. Nach den Edeln hat Achaman das gemeine Volk geschaffen, die Achicaxnas; dieses jüngere Geschlecht nahm sich heraus, gleichfalls Ziegen zu verlangen; aber das höchste Wesen erwiderte, das Volk sei dazu da, den Edeln dienstbar zu sein, und habe kein Eigentum nötig.« Eine solche Überlieferung mußte den reichen Vasallen der Hirtenkönige ungemein behagen; auch stand dem Faycan oder Oberpriester das Recht zu, in den Adelstand zu erheben, und ein Gesetz verordnete, daß jeder Achimencey, der sich herbeiließe, eine Ziege mit eigenen Händen zu melken, seines Adels verlustig sein sollte. Ein solches Gesetz erinnert keineswegs an die Sitteneinfalt des homerischen Zeitalters. Es befremdet, wenn man schon bei den Anfängen der Kultur die nützliche Beschäftigung mit

Ackerbau und Viehzucht mit Verachtung gebrandmarkt sieht.

Die Guanchen waren berühmt durch ihren hohen Wuchs; sie erschienen als die Patagonen der Alten Welt, und die Geschichtschreiber übertrieben ihre Muskelkraft, wie man vor Bougainvilles und Gordobas Reisen dem Volksstamm am Südende von Amerika eine kolossale Körpergröße zuschrieb. Mumien von Guanchen habe ich nur in den europäischen Kabinetten gesehen; zur Zeit meiner Reise waren sie auf Teneriffa sehr selten; man müßte sie aber in Menge finden, wenn man die Grabhöhlen, die am östlichen Abhang des Piks zwischen Arico und Guimar in den Fels gehauen sind, bergmännisch aufbrechen ließe. Diese Mumien sind so stark vertrocknet, daß ganze Körper mit der Haut oft nicht mehr als 3 bis 3,5 kg wiegen, das heißt ein Dritteil weniger als das Skelett eines gleich großen Individuums, von dem man eben das Muskelfleisch abgenommen hat. Die Schädelbildung ähnelt einigermaßen der der weißen Rasse der alten Ägypter, und die Schneidezähne sind auch bei den Guanchen stumpf, wie bei den Mumien am Nil. Aber diese Zahnform ist rein künstlich, und bei genauerer Untersuchung der Kopfbildung der alten Guanchen haben geübte Anatomen gefunden, daß sie im Jochbein und im Unterkiefer von den ägyptischen Mumien bedeutend abweicht. Öffnet man Mumien von Guanchen, so findet man Überbleibsel aromatischer Kräuter, unter denen immer das Chenopodium ambrosioides vorkommt; zuweilen sind die Leichen mit Schnüren geschmückt, an denen kleine Scheiben aus gebrannter Erde hängen, die als Zahlzeichen gedient zu haben scheinen und die mit den Quippos der Peruaner, Mexikaner und Chinesen Ähnlichkeit haben.

Da im allgemeinen die Bevölkerung von Inseln den umwandelnden Einflüssen, wie sie Folgen der Wanderungen sind, weniger ausgesetzt ist als die Bevölkerung der Festländer, so läßt sich annehmen, daß der Archipel der Kanarien zur Zeit der Karthager und Griechen vom selben Menschenstamm bewohnt war, den die normannischen und spanischen Eroberer vorfanden. Das einzige Denkmal, das einiges Licht auf die Herkunft der Guanchen werfen kann, ist ihre Sprache; leider sind uns aber davon nur etwa 150 Worte aufbehalten, die zum Teil dasselbe in der Mundart der verschiedenen Inseln bedeuten. Außer diesen Worten, die man sorgfältig gesammelt, hat man in den Namen vieler Dörfer, Hügel und Täler wichtige Sprachreste vor sich. Die Guanchen, wie Basken, Hindu, Peruaner und alle sehr alten Völker, benannten die Örtlichkeiten nach der Beschaffenheit des Bodens, den sie bebauten, nach der Gestalt der Felsen, deren Höhlen ihnen als Wohnstätten dienten, nach den Baumarten, welche die Quellen beschatteten.

Man war lange der Meinung, die Sprache der Guanchen habe keine Ähnlichkeit mit den lebenden Sprachen; aber seit die Sprachforscher durch Hornemanns Reise und durch die scharfsinnigen Untersuchungen von Marsden und Ventura auf die Berber aufmerksam geworden sind, die, gleich den slawischen Völkern, in Nordafrika über eine ungeheure Strecke verbreitet sind, hat man gefunden, daß in der Sprache der Guanchen und in den Mundarten von Chilba und Gebali mehrere Worte gleiche Wurzeln haben.

Wir führen folgende Beispiele an:

Himmel, guanchisch Tigo,	berberisch Tigot
Milch, guanchisch Aho,	berberisch Acho
Gerste, guanchisch Temasen,	berberisch Tomzeen
Korb, guanchisch Carinas,	berberisch Carian
Wasser, guanchisch Aenum,	berberisch Anan.

Ich glaube nicht, daß diese Sprachähnlichkeit ein Beweis für gemeinsamen Ursprung ist; aber sie deutet darauf hin, daß die Guanchen in alter Zeit in Verkehr standen mit den

Berbern, einem Gebirgsvolk, zu dem die Numidier, Getuler und Garamanten verschmolzen sind und das vom Ostende des Atlas durch das Harudjé und Fezzan bis zur Oase von Siuah und Audschila sich ausbreitet. Die Eingeborenen der Kanarien nannten sich Guanchen, von Guan, Mensch, wie die Tungusen sich Pye und Donky nennen, welche Worte dasselbe bedeuten wie Guan. Indessen sind die Völker, welche die Berbersprache sprechen, nicht alle desselben Stammes, und wenn Scylax in seinem Periplus die Einwohner von Cerne als ein Hirtenvolk von hohem Wuchs mit langen Haaren beschreibt, so erinnert dies an die körperlichen Eigenschaften der kanarischen Guanchen.

Je genauer man die Sprachen aus philosophischem Gesichtspunkte untersucht, desto mehr zeigt sich, daß keine ganz allein steht; diesen Anschein würde auch die Sprache der Guanchen noch weniger haben, wenn man von ihrem Mechanismus und ihrem grammatischen Bau etwas wüßte, Elemente, welche von größerer Bedeutung sind als Wortform und Gleichlaut. Es verhält sich mit gewissen Mundarten wie mit den organischen Bildungen, die sich in der Reihe der natürlichen Familien nirgends unterbringen lassen. Sie stehen nur scheinbar so vereinzelt da; der Schein schwindet, sobald man eine größere Masse von Bildungen überblickt, wo dann die vermittelnden Glieder hervortreten.

Gelehrte, die überall, wo es Mumien, Hieroglyphen und Pyramiden gibt, Ägypten sehen, sind vielleicht der Ansicht, das Geschlecht Typhons und die Guanchen stehen in Zusammenhang mittels der Berber, echter Atlanten, zu denen die Tibbu und Tuarik der Wüste gehören. Es genügt hier aber an der Bemerkung, daß eine solche Annahme durch keinerlei Ähnlichkeit zwischen der Berbersprache und dem Koptischen, das mit Recht für ein Überbleibsel des alten Ägyptischen gilt, unterstützt wird.

Wenn unser Haus in Cumaná für die Beobachtung des Himmels und der meteorologischen Vorgänge sehr günstig gelegen war, so mußten wir dagegen zuweilen bei Tage etwas ansehen, was uns empörte. Der große Platz ist zum Teil mit Bogengängen umgeben, über denen eine lange hölzerne Galerie hinläuft, wie man sie in allen heißen Ländern sieht. Hier wurden die Schwarzen verkauft, die von der afrikanischen Küste herüberkommen. Unter allen europäischen Regierungen war die von Dänemark die erste und lange die einzige, die den Sklavenhandel abgeschafft hat, und dennoch waren die ersten Sklaven, die wir aufgestellt sahen, auf einem dänischen Sklavenschiff gekommen. Der gemeine Eigennutz, der mit Menschenpflicht, Nationalehre und den Gesetzen des Vaterlandes im Streite liegt, läßt sich durch nichts in seinen Spekulationen stören.

Die zum Verkauf ausgesetzten Sklaven waren junge Leute von fünfzehn bis zwanzig Jahren. Man lieferte ihnen jeden Morgen Kokosöl, um sich den Körper damit einzureiben und die Haut glänzend schwarz zu machen. Jeden Augenblick erschienen Käufer und schätzten nach der Beschaffenheit der Zähne Alter und Gesundheitszustand der Sklaven; sie rissen ihnen den Mund auf, ganz wie es auf dem Pferdemarkt geschieht. Dieser entwürdigende Brauch schreibt sich aus Afrika her, wie die getreue Schilderung zeigt, die Cervantes nach langer Gefangenschaft bei den Mauren in einem seiner Theaterstücke vom Verkauf der Christensklaven in Algier entwirft. Es ist ein empörender Gedanke, daß es noch heutigentags auf den Antillen spanische Ansiedler gibt, die ihre Sklaven mit dem Glüheisen zeichnen, um sie wiederzuerkennen, wenn sie entlaufen. So behandelt man Menschen, die anderen Menschen die Mühe des Säens, Ackerns und Erntens ersparen.

Je tieferen Eindruck der erste Verkauf von Negern in Cumaná auf uns gemacht hatte, desto mehr wünschten wir uns das Glück, daß wir uns bei dem Volke und auf einem Kontinent befanden, wo ein solches Schauspiel sehr selten vorkommt und die Zahl der Sklaven im allgemeinen höchst unbedeutend ist. Dieselbe betrug im Jahre 1800 in den Provinzen Cumaná und Barcelona 6000, während man zur selben Zeit die Gesamtbevölkerung auf 110000 schätzte. Der Handel mit afrikanischen Sklaven, den die spanischen Gesetze niemals begünstigt haben, ist jetzt völlig bedeutungslos auf Küsten, wo im 16. Jahrhundert der Handel mit amerikanischen Sklaven schauerlich lebhaft war. Macarapan, früher Amaracapana genannt, Cumaná, Araya und besonders Neucadiz, das auf dem Eiland Cubagua angelegt worden war, konnten damals für Kontore gelten, die zur Betreibung des Sklavenhandels errichtet waren. Girolamo Benzoni aus Mailand, der im Alter von 22 Jahren nach Terra Firma gekommen war, machte im Jahr 1542 an den Küsten von Bordones, Cariaco und Paria Raubzüge mit, bei denen unglückliche Eingeborene weggeschleppt wurden. Er erzählt sehr naiv und oft mit einem Gefühlsausdruck, wie er bei den Geschichtsschreibern jener Zeit selten vorkommt, von den Grausamkeiten, die er mit angesehen. Er sah die Sklaven nach Neucadiz bringen, wo sie mit dem Glüheisen auf Stirne und Armen gezeichnet und den Beamten der Krone der Quint entrichtet wurde. Aus diesem Hafen wurden sie nach Haiti oder San Domingo geschickt, nachdem sie mehrmals die Herren gewechselt, nicht weil sie verkauft wurden, sondern weil die Soldaten mit Würfeln um sie spielten.

Unser erster Ausflug galt der Halbinsel Araya und jenen ehemals durch den Sklavenhandel und die Perlenfischerei vielberufenen Landstrichen. Am 19. August gegen 2 Uhr nach Mitternacht schifften wir uns bei der indischen Vorstadt auf dem Manzanares ein. Unser Hauptzweck bei dieser kleinen Reise war, die Trümmer des alten Schlosses von Araya zu besehen, die Salzwerke zu besuchen und auf den Bergen, welche die schmale Halbinsel Maniquarez bilden, einige geologische Untersuchungen anzustellen. Die Nacht war köstlich kühl, Schwärme leuchtender Insekten (Elater noctilucus) glänzten in der Luft und auf dem mit Sesuvium bedeckten Boden und in den Mimosenbüschen am Fluß. Es ist bekannt, wie häufig die Leuchtwürmer in Italien und im ganzen mittäglichen Europa sind; aber ihr malerischer Eindruck ist gar nicht zu vergleichen mit den zahllosen zerstreuten, sich hin und her bewegenden Lichtpunkten, welche im heißen Erdstrich der Schmuck der Nächte sind, wo einem ist, als ob das Schauspiel, welches das sternübersäte Himmelsgewölbe bietet, sich auf der Erde, auf der ungeheuren Ebene der Savannen wiederholte. Als wir flußabwärts an die Pflanzungen oder Charas kamen, sahen wir Freudenfeuer, die Neger angezündet hatten. Leichter gekräuselter Rauch stieg zu den Gipfeln der Palmen auf und gab der Mondscheibe einen rötlichen Schein. Es war Sonntagnacht, und die Sklaven tanzten zur rauschenden, eintönigen Musik einer Gitarre. Der Grundzug im Charakter der afrikanischen Völker von schwarzer Rasse ist ein unerschöpfliches Maß von Beweglichkeit und Frohsinn. Nachdem er die Woche über hart gearbeitet, tanzt und musiziert der Sklave am Feiertage dennoch lieber als daß er ausschläft. Hüten wir uns, über diese Sorglosigkeit, diesen Leichtsinn hart zu urteilen; wird ja doch dadurch ein Leben voll Entbehrung und Schmerz versüßt.

»SCHIFFBRUCH« AUF DEM ORINOCO

[Am 6. 4. 1800] gegen vier Uhr abends [gingen wir] unter Segel. Der Wind blies frisch und in Stößen. Seit wir uns im gebirgigen Teil des Landes befanden, hatten wir die Bemerkung gemacht, daß unsere Piroge ein sehr schlechtes Segelwerk führte; aber der *Patron* wollte den Indianern, die am Ufer beisammenstanden, zeigen, daß er, wenn er sich dicht am Wind halte, mit einem Schlag mitten in den Strom kommen könne. Aber eben, als er seine Geschicklichkeit und die Kühnheit seines Manövers pries, fuhr der Wind so heftig in das Segel, daß wir beinahe gesunken wären. Der eine Bord kam unter Wasser, und dasselbe stürzte mit solcher Gewalt herein, daß wir bis zu den Knien darin standen. Es lief über das Tischchen weg, an dem ich im Hinterteil des Fahrzeuges eben schrieb. Kaum rettete ich mein Tagebuch, und im nächsten Augenblick sahen wir unsere Bücher, Papiere und getrocknete Pflanzen umherschwimmen. Bonpland schlief mitten in der Piroge. Vom eindringenden Wasser und dem Geschrei der Indianer aufgeschreckt, übersah er die Lage sogleich mit der Kaltblütigkeit, die ihm unter allen Verhältnissen treu geblieben ist. Der im Wasser stehende Bord hob sich bei den Windstößen von Zeit zu Zeit wieder, und so gab er das Fahrzeug nicht verloren. Sollte man es auch verlassen müssen, so konnte man sich, glaubte er, durch Schwimmen retten, da sich kein Krokodil blicken ließ. Während wir so ängstlich angespannt waren, riß auf einmal das Tauwerk des Segels. Derselbe Sturm, der uns auf die Seite geworfen, half uns jetzt, uns aufzurichten. Man machte sich alsbald daran, das Wasser auszuschöpfen; das Segel wurde ausgebessert, und in weniger als einer halben Stunde konnten wir weiterfahren.

EIN UNSELIGER UNFALL

Fast hätte ein unseliger Unfall mich genötigt, die Reise an den Orinoco aufzugeben... Am 27. Oktober [1800], dem Tag vor der Sonnenfinsternis, gingen wir wie gewöhnlich am Ufer des Meerbusens spazieren... Ich hörte hinter mir gehen, und wie ich mich umwandte, sah ich einen hochgewachsenen Mann von der Farbe der *Zambos*, nackt bis zum Gürtel. Er hielt fast über meinem Kopf eine *Macana*, einen dicken, unten keulenförmig dicker werdenden Stock aus Palmholz. Ich wich dem Schlage aus, indem ich links zur Seite sprang. Bonpland, der mir zur Rechten ging, war weniger glücklich; er hatte den Zambo später bemerkt als ich, und erhielt über der Schläfe einen Schlag, der ihn zu Boden streckte.

DIE ZERSTÖRUNG DER WÄLDER

Zerstört man die Wälder, wie die europäischen Siedler aller Orten in Amerika mit unvorsichtiger Hast tun, so versiegen die Quellen oder nehmen doch stark ab. Die Flußbetten liegen einen Teil des Jahres über trocken und werden zu Strömen, sooft im Gebirge starker Regen fällt. Da mit dem Holzwuchs auch Rasen und Moos auf den Bergkuppen verschwinden, wird das Regenwasser in seinem Ablauf nicht mehr aufgehalten; statt langsam durch allmähliches Einsickern die Bäche zu speisen, zerfurcht es in der Jahreszeit der starken Regenniederschläge die Berghänge, schwemmt das losgerissene Erdreich fort und verursacht plötzliche Hochwässer, welche nun die Felder verwüsten. Daraus geht hervor, daß die Zerstörung der Wälder, der Mangel an fortwährend fließenden Quellen und die Existenz von Torrenten [Sturzbächen] drei Erscheinungen sind, die in ursächlichem Zusammenhang stehen. Länder in entgegengesetzten Hemisphären, die Lombardei ... und Nieder-Peru..., liefern einleuchtende Beweise für die Richtigkeit dieses Satzes. Bis zur Mitte des vorigen Jahrhunderts waren die Berge, in denen die Täler von Aragua liegen, bewaldet.

ZITTERAALE – MIT PFERDEN GEFISCHT

Die Indianer hatten eine Art von Treiben angestellt; die Tiere wurden von allen Seiten eingeschlossen und endlich in den Sumpf hineingezwungen. Das interessante Schauspiel, welches sich uns darbot, dieser Kampf der Zitteraale mit den Pferden, läßt sich in Worten nur unvollkommen schildern. Die Indianer, jeder mit langen Bambusröhren und Harpunen bewaffnet, stellten sich um den Sumpf. Einige kletterten auf die Baumäste, die sich über dem Wasser ausbreiteten. Durch ihr Geschrei und ihre langen Bambusröhren trieben sie die Pferde, wo sie sich dem Ufer näherten, zurück. Die durch den Lärm erschreckten Zitteraale verteidigten sich mit den wiederholten Entladungsschlägen ihrer elektrischen Batterie. Lange schien es, als würden sie den Sieg über die Pferde und Maulesel davontragen. Mehrere von diesen, durch die Menge und Stärke der elektrischen Schläge betäubt, verschwanden unter dem Wasser; einige derjenigen, die sich wieder aufrafften, erreichten ungeachtet der Wachsamkeit der Indianer das Ufer und streckten sich hier, von der Anstrengung erschöpft und durch die starken elektrischen Schläge an allen Gliedern gelähmt, der Länge nach auf die Erde...

In weniger als fünf Minuten waren bereits zwei Pferde ertrunken. Die Aale, deren mehrere über fünf Fuß lang sind, schlüpften den Pferden und den Mauleseln unter den Bauch und gaben dann Entladungen ihres ganzen elektrischen Organs. Diese Schläge treffen zugleich das Herz, die Eingeweide und besonders das Nervengeflecht des Magens. Es ist daher nicht zu verwundern, daß der Fisch auf ein großes vierfüßiges Tier eine viel mächtigere Wirkung als auf einen Menschen hervorbringt, der ihn nur mit den Extremitäten berührt. Doch zweifle ich, daß der Gymnotus im eigentlichen Sinne des Wortes die Pferde tötet; er betäubt sie nur, wie ich glaube, durch die wiederholten Erschütterungsschläge, die er ihnen gibt; sie fallen in eine tiefe Ohnmacht und verschwinden besinnungslos unter dem Wasser, die anderen Pferde und Maulesel treten ihnen auf den Leib, und in wenigen Minuten sind sie wirklich tot.

Nach diesem Anfang schien es, als würde die Jagd ein sehr tragisches Ende nehmen und die Pferde eines nach dem andern ertrinken ... Die Indianer versicherten uns, die Jagd würde bald geendigt sein und nur der erste Angriff der Zitteraale sei furchtbar. In der Tat kommen die Gymnoten nach einiger Zeit in den Zustand entladener Batterien; sei es nun, daß die galvanische Elektrizität sich durch Ruhe in ihnen häufe oder daß ihr elektrisches Organ durch einen zu häufigen Gebrauch ermüdet und zu seinen Verrichtungen unbrauchbar gemacht wird. Zwar ist ihre Muskelbewegung dann immer noch ebenso lebhaft als zu Anfang; sie haben aber nicht mehr das Vermögen, kräftige Schläge zu erteilen. Als der Kampf eine Viertelstunde gedauert hatte, schienen die Pferde und Maulesel minder geschreckt. Sie sträubten die Mähnen nicht mehr. Ihr Auge drückte seltener Schmerz aus. Nirgends sah man sie fallen und unter dem Wasser verschwinden. Auch schwammen die Aale mit dem halben Leibe auf der Oberfläche des Sumpfes, flohen vor den Pferden, die sie vorher angegriffen, und näherten sich dem Ufer...

Die Zitteraale, welche nach dem Ufer fliehen, werden sehr leicht mit kleinen, an einem Strick befestigten Harpunen gefangen, die man ihnen in den Leib wirft; die Harpune spießt manchmal ihrer zwei auf. Ist der Strick sehr trocken und ziemlich lang, so kann man sie damit ans Land ziehen, ohne Schläge zu erhalten. In wenigen Minuten waren fünf große Gymnoten auf dem Trockenen. Wir hätten über zwanzig haben können, hätten wir ihrer so viele zu unseren Versuchen bedurft. Einige waren nur leicht am Schwanze verwundet, andere schwer am Kopfe, und wir konnten deutlich beobachten, wie die Intensität der natürlichen Elektrizität dieses Fisches durch die verschiedene Stärke der Lebenskraft modifiziert wird.

DAS NÄCHTLICHE TIERLEBEN IM URWALDE

Unterhalb der Mission von Santa Barbara de Arichuna brachten wir die Nacht wie gewöhnlich unter freiem Himmel, auf einer Sandfläche am Ufer des Apure zu. Sie war von dem nahen, undurchdringlichen Walde begrenzt. Wir hatten Mühe, dürres Holz zu finden, um die Feuer anzuzünden, mit denen nach der Landessitte jedes Biwak wegen der Angriffe des Jaguars umgeben wird. Die Nacht war von milder Feuchte und mondhell. Mehrere Krokodile näherten sich dem Ufer. Ich glaube bemerkt zu haben, daß der Anblick des Feuers sie ebenso anlockt wie unsere Krebse und manche andere Wassertiere. Die Ruder unserer Nachen wurden sorgfältig in den Boden gesenkt, um unsere Hängematten daran zu befestigen. Es herrschte tiefe Ruhe; man hörte nur bisweilen das Schnarchen der Süßwasserdelphine, welche dem Flußnetze des Orinoco wie (nach Colebrooke) dem Ganges bis nach Benares hin eigentümlich sind und in langen Zügen aufeinander folgten.

Nach elf Uhr entstand ein solcher Lärm im nahen Walde, daß man die übrige Nacht hindurch auf jeden Schlaf verzichten mußte. Wildes Tiergeschrei durchtobte den Forst. Unter den vielen Stimmen, die gleichzeitig ertönten, konnten die Indianer nur die erkennen, welche nach kurzer Pause einzeln gehört wurden. Es waren das einförmig jammernde Geheul der Aluaten (Brüllaffen), der winselnde, fein flötende Ton der kleinen Sapajus, das schnarrende Murren des gestreiften Nachtaffen (Nyctipithecus trivirgatus, den ich zuerst beschrieben habe), das abgesetzte Geschrei des großen Tigers, des Kuguars oder ungemähnten amerikanischen Löwen, des Pecari, des Faultiers und einer Schar von Papageien (Ortaliden) und anderer fasanenartiger Vögel. Wenn die Tiger dem Rande des Waldes nahekamen, suchte unser Hund, der vorher ununterbrochen bellte, heulend Schutz unter den Hängematten. Bisweilen kam das Geschrei des Tigers von der Höhe eines Baumes herab. Es war dann stets von den klagenden Pfeiftönen der Affen begleitet, die der ungewohnten Nachstellung zu entgehen suchten.

Fragt man die Indianer, warum in gewissen Nächten ein so anhaltender Lärm entsteht, so antworten sie lächelnd: »Die Tiere freuen sich der schönen Mondhelle, sie feiern den Vollmond.« Mir schien die Szene ein zufällig entstandener, lang fortgesetzter, sich steigernd entwickelnder Tierkampf. Der Jaguar verfolgt die Nabelschweine und Tapire, die dicht aneinander gedrängt das baumartige Strauchwerk durchbrechen, welches ihre Flucht behindert. Davon erschreckt, mischen von dem Gipfel der Bäume herab die Affen ihr Geschrei in das der größeren Tiere. Sie erwecken die gesellig horstenden Vogelgeschlechter, und so kommt allmählich die ganze Tierwelt in Aufregung. Eine längere Erfahrung hat uns gelehrt, daß es keineswegs immer die »gefeierte Mondhelle« ist, welche die Ruhe der Wälder stört. Die Stimmen waren am lautesten bei heftigem Regengusse oder wenn bei krachendem Donner der Blitz das Innere des Waldes erleuchtete.

Als wir nach Esmeralda kamen, kehrten die meisten Indianer von einem Ausflug ostwärts über den Rio Padamo zurück, wobei sie Juvias oder die Früchte der Bertholletia und Schlingpflanze, welche das Curare gibt, gesammelt hatten. Diese Heimkehr wurde durch eine Festlichkeit begangen, die in der Mission la fiesta de las Juvias heißt und unseren Ernte- und Weinlesefesten entspricht. Die Weiber hatten viel gegorene Getränke bereitet, und zwei Tage lang sah man nur betrunkene Indianer. Bei Völkern, für welche die Früchte der Palmen und einiger anderen Bäume, welche Nahrungsstoffe geben, von großer Wichtigkeit sind, wird die Ernte der Früchte durch öffentliche Lustbarkeiten gefeiert, und man teilt das Jahr nach diesen Festen ein, die immer auf dieselben Zeitpunkte fallen.

Das Glück wollte, daß wir einen alten Indianer trafen, der weniger betrunken als die anderen und eben beschäftigt war, das Curaregift aus den frischen Pflanzen zu bereiten. Der Mann war der Chemiker des Ortes. Wir fanden bei ihm große tönerne Pfannen zum Kochen der Pflanzensäfte, flachere Gefäße, die durch ihre große Oberfläche die Verdunstung befördern, tütenförmig aufgerollte Bananenblätter zum Durchseihen der mehr oder weniger faserige Substanzen enthaltenen Flüssigkeiten. Die größte Ordnung und Reinlichkeit herrschten in dieser zum chemischen Laboratorium eingerichteten Hütte. Der Indianer, der uns Auskunft erteilen sollte, heißt in der Mission der Giftmeister (amo del Curare); er hatte das steife Wesen und den pedantischen Ton, den man früher in Europa den Apothekern zum Vorwurf machte. »Ich weiß« sagte er, »die Weißen verstehen die Kunst, Seife zu machen und das schwarze Pulver, bei dem das Üble ist, daß es Lärm macht und die Tiere verscheucht, wenn man sie fehlt. Das Curare, dessen Bereitung bei uns vom Vater auf den Sohn übergeht, ist besser als alles, was ihr dort drüben (über dem Meere) zu machen wißt. Es ist der Saft einer Pflanze, der ganz leise tötet (ohne daß man weiß, woher der Schuß kommt).

Diese chemische Operation, auf die der Meister des Curare so großes Gewicht legte, schien uns sehr einfach. Das Schlinggewächs (Bejuco), aus dem man in Esmeralda das Gift bereitet, wächst hier wie in den Wäldern bei Javita. Es ist der Bejuco de Mavacure, und er kommt östlich von der Mission am linken Ufer des Orinoco, jenseits des Rio Amaguaca im granitischen Bergland von Guayana und Yumariquín in Menge vor. Obgleich die Bejucobündel, die wir im Hause des Indianers fanden, gar keine Blätter mehr hatten, blieb uns doch kein Zweifel, daß es dasselbe Gewächs aus der Familie der Strychneen (Aublets Rouhamon sehr nahe stehehend) war, das wir im Wald beim Pimichín untersucht. Der Mavacure wird ohne Unterschied frisch oder seit mehreren Wochen getrocknet verarbeitet. Der frische Saft der Liane gilt nicht für giftig; vielleicht zeigt er sich nur wirksam, wenn er stark konzentriert ist. Das furchtbare Gift ist in der Rinde und einem Teil des Splintes [Schicht unter der Rinde] enthalten. Man schabt mit einem Messer 4-5 Linien [8-11 Millimeter] dicke Mavacurezweige ab und zerstößt die abgeschabte Rinde auf einem Stein, wie er zum Reiben des Maniokmehls dient, in ganz dünnen Fasern. Da der giftige Saft gelb ist, nimmt die ganze faserige Masse die nämliche Farbe an. Man bringt dieselbe in einen 9 Zoll [24 Zentimeter] hohen, 4 Zoll [10 Zentimeter] weiten Trichter. Diesen Trichter strich der Giftmeister unter allen Gerätschaften des indianischen Laboratoriums am meisten heraus. Er fragte uns mehrere Male, ob wir por allá (dort drüben, das heißt in Europa) jemals etwas gesehen hätten, was seinem embudo gleiche. Es war ein tütenförmig aufgerolltes Bananenblatt, das in einer anderen stärkeren Tüte aus Palmenblättern steckte; die ganze Vorrichtung ruhte auf einem leichten Gestell von Blattstielen und Fruchtspindeln einer Palme. Man macht zuerst einen kalten Aufguß, indem man Wasser an den faserigen Stoff, die gestoßene Rinde des Mavacure, gießt. Mehrere Stunden lang tropft ein gelbliches Wasser vom embudo, dem Blatttrichter, ab. Dieses durchsickernde Wasser ist die giftige Flüssigkeit; sie erhält aber die gehörige Kraft erst dadurch, daß man sie wie die Melasse in einem großen tönernen Gefäß abdampft. Der Indianer forderte uns von Zeit zu Zeit auf, die Flüssigkeit zu kosten; nach dem mehr oder minder bitteren Geschmack beurteilt man, ob der Saft eingedickt genug ist. Dabei ist keine Gefahr, da das Curare nur dann tödlich wirkt, wenn es unmittelbar mit dem Blut in Berührung kommt. Deshalb sind auch, was auch die Missionare am Orinoco in dieser Beziehung gesagt haben mögen, die Dämpfe vom Kessel nicht schädlich. Fontana hat durch seine schönen Versuche mit dem Ticunasgift vom Amazonenstrom längst dargetan, daß die Dämpfe, die das Gift entwickelt, wenn man es auf glühende Kohlen wirft, ohne Schaden eingeatmet werden können, und daß es unrichtig ist, wenn La Condamine behauptet, zum Tode verurteilte indianische Weiber seien durch die Dämpfe des Ticunasgiftes getötet worden.

Der noch so stark eingedickte Saft des Mavacure ist nicht dick genug, um an den Pfeilen zu haften. Also bloß um dem Gift Körper zu geben, setzt man dem eingedickten Aufguß einen anderen sehr klebrigen Pflanzensaft bei, der von einem Baum mit großen Blättern, genannt Ciracaguero, kommt. Da dieser Baum sehr weit von Esmeralda wächst, und er damals so wenig als der Bejuco de Mavacure Blüten und Früchte hatte, so können wir ihn botanisch nicht bestimmen...

Sobald der klebrige Saft des Ciracaguero-Baumes dem eingedickten, kochenden Giftsaft zugegossen wird, schwärzt sich dieser und gerinnt zu einer Masse von der Konsistenz des Teers oder eines dicken Sirups. Diese Masse ist nun das Curare, wie es in den Handel kommt. Hört man die Indianer sagen, zur Bereitung des Giftes sei der Ciracaguero so notwendig als der Bejuco de Mavacure, so kann man auf die falsche Vermutung kommen, auch ersterer enthalte schädlichen Stoff, während er nur dazu dient, dem eingedickten Curaresaft mehr Körper zu geben (was auch der Algarrobo und jede gummiartige Substanz täten). Der Farbenwechsel der Mischung rührt von der Zersetzung einer Verbindung von Kohlenstoff und Wasserstoff her. Der Wasserstoff verbrennt und der Kohlenstoff wird frei. Das Curare wird in den Früchten der Crescentia [Kalebassen] verkauft; da aber die Bereitung desselben in den Händen weniger Familien ist und an jedem Pfeile nur unendlich wenig Gift haftet, so ist das Curare bester Qualität, das von Esmeralda und Mandavaca, sehr teuer. Ich sah für zwei Unzen 5-6 Franken bezahlen. Getrocknet gleicht der Stoff dem Opium; er zieht aber die Feuchtigkeit stark an, wenn er der Luft ausgesetzt wird. Er schmeckt sehr angenehm bitter und Bonpland und ich haben oft kleine Mengen verschluckt. Gefahr ist keine dabei, wenn man nur sicher ist, daß man an den Lippen und am Zahnfleisch nicht blutet. Bei Mangilis neuen Versuchen mit dem Viperngift verschluckte einer der Anwesenden alles Gift, das von vier großen italienischen Vipern gesammelt werden konnte, ohne etwas darauf zu spüren. Bei den Indianern gilt das Curare, innerlich genommen, als ein treffliches Magenmittel. Die Piaroas- und Salvias-Indianer bereiten dasselbe Gift; es hat auch ziemlichen Ruf, ist aber doch nicht so gesucht wie das von Esmeralda. Die Bereitungsart scheint überall ungefähr dieselbe; es liegt aber kein Beweis vor, daß die verschiedenen Gifte, welche unter demselben Namen am Orinoco und am Amazonenstrom verkauft werden, identisch sind und von derselben Pflanze herrühren.

Orfila hat daher sehr wohl getan, wenn er in seiner Toxicologie général das Woorara aus holländisch Guyana, das Curare vom Orinoco, das Ticuna vom Amazonenstrom und all die Substanzen, welche man unter dem unbestimmten Namen »amerikanische Gifte« zusammenwirft, für sich betrachtet. Vielleicht findet man einmal in Giftpflanzen aus verschiedenen Gattungen eine gemeinschaftliche alkalische Basis, ähnlich dem Morphium im Opium und der Vauqueline [Strychnin] in den Strychnosarten.

ÜBER DIE STEPPEN UND WÜSTEN
(Ansichten der Natur)

Seit der Entdeckung des neuen Kontinents sind die Ebenen (Llanos) dem Menschen bewohnbar geworden. Um den Verkehr zwischen der Küste und der Guayana (dem Orinokolande) zu erleichtern, sind hier und da Städte an den Steppenflüssen erbaut. Überall hat Viehzucht in dem unermeßlichen Raume begonnen. Tagereisen voneinander entfernt liegen einzelne mit Rindfellen gedeckte, aus Schilf und Riemen geflochtene Hütten. Zahllose Scharen verwilderter Stiere, Pferde und Maulesel (man schätzte sie zur friedlichen Zeit meiner Reise noch auf anderthalb Millionen Köpfe) schwärmen in der Steppe umher. Die ungeheure Vermehrung dieser Tiere der Alten Welt ist um so bewundernswürdiger, je mannigfaltiger die Gefahren sind, mit denen sie in diesen Erdstrichen zu kämpfen haben.

Wenn unter dem senkrechten Strahle der nie bewölkten Sonne die verkohlte Grasdecke in Staub zerfallen ist, klafft der erhärtete Boden auf, als wäre er von mächtigen Erdstößen erschüttert. Berühren ihn dann entgegengesetzte Luftströme, deren Streit sich in kreisender Bewegung ausgleicht, so gewährt die Ebene einen seltsamen Anblick. Als trichterförmige Wolken, die mit ihren Spitzen an der Erde hingleiten, steigt der Sand dampfartig durch die luftdünne, elektrisch geladene Mitte des Wirbels empor, gleich den rauschenden Wasserhosen, die der erfahrene Schiffer fürchtet. Ein trübes, fast strohfarbiges Halblicht wirft die nun scheinbar niedrigere Himmelsdecke auf die verödete Flur. Der Horizont tritt plötzlich näher. Er verengt die Steppe wie das Gemüt des Wanderers. Die heiße, staubige Erde, welche im nebelartig verschleierten Dunstkreise schwebt, vermehrt die erstickende Luftwärme. Statt Kühlung führt der Ostwind neue Glut herbei, wenn er über den langerhitzten Boden hinweht.

Auch verschwinden allmählich die Lachen, welche die gelb gebleichte Fächerpalme vor der Verdunstung schützte. Wie im eisigen Norden die Tiere durch Kälte erstarren, so schlummern hier, unbeweglich, das Krokodil und die Boaschlange tief vergraben in trockenem Letten (kalkarmer Tonboden). Überall verkündigt Dürre den Tod; und doch überall verfolgt den Dürstenden, im Spiele des gebogenen Lichtstrahles, das Trugbild des wellenschlagenden Wasserspiegels. Ein schmaler Luftstreifen trennt das ferne Palmengebüsch vom Boden. Es schwebt durch Kimmung gehoben bei der Berührung ungleich erwärmter und also ungleich dichter Luftschichten. In finstere Staubwolken gehüllt, von Hunger und brennendem Durste geängstigt, schweifen Pferde und Rinder umher; diese dumpf aufbrüllend, jene mit langgestrecktem Halse gegen den Wind anschnaubend, um durch die Feuchtigkeit des Luftstromes die Nähe einer nicht ganz verdampften Lache zu erraten.

Bedächtig und verschlagener sucht das Maultier auf andere Weise seinen Durst zu lindern. Eine kugelförmige und dabei vielrippige Pflanze, der Melonenkaktus, verschließt unter seiner stacheligen Hülle ein wasserreiches Mark. Mit dem Vorderfuße schlägt das Maultier die Stacheln seitwärts und wagt es dann erst, die Lippen behutsam zu nähern und den kühlen Distelsaft zu trinken. Aber das Schöpfen aus dieser lebendigen vegetabilischen Quelle ist nicht immer gefahrlos; oft sieht man Tiere, welche von Kaktusstacheln am Hufe gelähmt sind.

Folgt auf die brennende Hitze des Tages die Kühlung der hier immer gleich langen Nacht, so können Rinder und Pferde selbst dann nicht sich der Ruhe erfreuen. Ungeheure Fledermäuse saugen ihnen während des Schlafes vampirartig das Blut aus oder hängen sich an dem Rücken fest, wo sie eiternde Wunden erregen, in welche Moskiten, Hippobosken und eine Schar stechender Insekten sich ansiedeln. So führen die Tiere ein schmerzenvolles Leben, wenn vor der Glut der Sonne das Wasser auf dem Erdboden verschwindet.

Tritt endlich nach langer Dürre die wohltätige Regenzeit ein, so verändert sich plötzlich die Szene in der Steppe. Das tiefe Blau des bis dahin nie bewölkten Himmels wird lichter. Kaum erkennt man bei Nacht den schwarzen Raum im Sternbild des südlichen Kreuzes. Der sanfte phosphorartige Schimmer der Magelhaensschen Wolken verlischt. Selbst die scheitelrechten Gestirne des Adlers und des Schlangenträgers leuchten mit zitterndem, minder planetarischem Lichte. Wie ein entlegenes Gebirge erscheint einzelnes Gewölk im Süden, senkrecht ansteigend am Horizonte. Nebelartig breiten allmählich die vermehrten Dünste sich über den Zenit aus. Den belebenden Regen verkündigt der ferne Donner.

Kaum ist die Oberfläche der Erde benetzt, so überzieht sich die duftende Steppe mit Kyllingien, mit vielrispigem Paspalum und mannigfaltigen Gräsern. Vom Lichte gereizt, entfalten krautartige Mimosen ihre gesenkt schlummernden Blätter und begrüßen die aufgehende Sonne wie der Frühgesang der Vögel und die sich öffnenden Blüten der

Wasserpflanzen. Pferde und Rinder weiden nun in frohem Genusse des Lebens. Das hochaufschießende Gras birgt den schöngefleckten Jaguar. Im sicheren Versteck auflauernd und die Weite des eigenen Sprunges vorsichtig messend, erhascht er die vorüberziehenden Tiere, katzenartig wie der asiatische Tiger.

Bisweilen sieht man (so erzählen die Eingeborenen) an den Ufern der Sümpfe den befeuchteten Letten sich langsam und schollenweise erheben. Mit heftigem Getöse, wie beim Ausbruche kleiner Schlammvulkane, wird die aufgewühlte Erde hoch in die Luft geschleudert. Wer des Anblickes kundig ist, flieht die Erscheinung; denn eine riesenhafte Wasserschlange oder ein gepanzertes Krokodil steigt aus der Gruft hervor, durch den ersten Regenguß aus dem Scheintode erweckt.

Schwellen nun allmählich die Flüsse, welche die Ebene südlich begrenzen: der Arauca, der Apure und der Payara, so zwingt die Natur dieselben Tiere, welche in der ersten Jahreshälfte auf dem wasserleeren, staubigen Boden vor Durst verschmachteten, als Amphibien zu leben. Ein Teil der Steppe erscheint nun wie ein unermeßliches Binnenwasser. Die Mutterpferde ziehen sich mit den Füllen auf die höheren Bänke zurück, welche inselförmig über dem Seespiegel hervorragen. Mit jedem Tage verengt sich der trockene Raum. Aus Mangel an Weide schwimmen die zusammengedrängten Tiere stundenlang umher und nähren sich kärglich von der blühenden Grasrispe, die sich über dem braungefärbten gärenden Wasser erhebt. Viele Füllen ertrinken; viele werden von den Krokodilen erhascht, mit dem zackigen Schwanze zerschmettert und verschlungen. Nicht selten bemerkt man Pferde und Rinder, welche, dem Rachen dieser blutgierigen, riesenhaften Eidechsen entschlüpft, die Spur des spitzigen Zahnes am Schenkel tragen.

Ein solcher Anblick erinnert unwillkürlich den ernsten

Beobachter an die Biegsamkeit, mit welcher die alles aneignende Natur gewisse Tiere und Pflanzen begabt hat. Wie die mehlreichen Früchte der Ceres, so sind Stier und Roß dem Menschen über den ganzen Erdkreis gefolgt, vom Ganges bis an den Platastrom, von der afrikanischen Meeresküste bis zur Gebirgsebene des Antisana, welche höher als der Kegelberg von Teneriffa liegt. Hier schützt die nordische Birke, dort die Dattelpalme den ermüdeten Stier vor dem Strahl der Mittagssonne. Dieselbe Tiergattung, welche im östlichen Europa mit Bären und Wölfen kämpft, wird unter einem anderen Himmelsstriche von den Angriffen der Tiger und der Krokodile bedroht!

Aber nicht die Krokodile und der Jaguar allein stellen den südamerikanischen Pferden nach; auch unter den Fischen haben sie einen gefährlichen Feind. Die Sumpfwasser von Bera und Rastro sind mit zahllosen elektrischen Aalen gefüllt, deren schleimiger, gelbgefleckter Körper aus jedem Teile die erschütternde Kraft nach Willkür aussendet. Diese Gymnoten haben 5 bis 6 Fuß (1,6 bis 2 m) Länge. Sie sind mächtig genug, die größten Tiere zu töten, wenn sie ihre nervenreichen Organe auf einmal in günstiger Richtung entladen. Die Steppenstraße von Uritucu mußte einst verändert werden, weil sich die Gymnoten solcher Menge in einem Flüßchen angehäuft hatten, daß jährlich vor Betäubung viele Pferde in der Furt ertranken. Auch fliehen alle anderen Fische die Nähe dieser furchtbaren Aale. Selbst den Angelnden am hohen Ufer schrecken sie, wenn die feuchte Schnur ihm die Erschütterung aus der Ferne zuleitet. So bricht hier elektrisches Feuer aus dem Schoße der Gewässer aus.

Ein malerisches Schauspiel gewährt der Fang der Gymnoten. Man jagt Maultiere und Pferde in einen Sumpf, welchen die Indianer eng umzingeln, bis der ungewohnte Lärm die mutigen Fische zum Angriffe reizt. Schlangenartig sieht man sie auf dem Wasser schwimmen und sich verschlagen unter den Bauch der Pferde drängen. Von diesen erliegen viele der Stärke unsichtbarer Schläge. Mit gesträubter Mähne, schnaubend, wilde Angst im funkelnden Auge, fliehen andere das tobende Ungewitter. Aber die Indianer, mit langen Bambusstäben bewaffnet, treiben sie in die Mitte der Lache zurück.

Allmählich läßt die Wut des ungleichen Kampfes nach. Wie entladene Wolken zerstreuen sich die ermüdeten Fische. Sie bedürfen einer langen Ruhe und einer reichlichen Nahrung, um zu sammeln, was sie an galvanischer Kraft verschwendet haben. Schwächer und schwächer erschüttern nun allmählich ihre Schläge. Vom Geräusch der stampfenden Pferde erschreckt, nahen sie sich furchtsam dem Ufer, wo sie durch Harpunen verwundet und mit dürrem, nicht leitenden Holze auf die Steppe gezogen werden.

Dies ist der wunderbare Kampf der Pferde und Fische. Was unsichtbar die lebendige Waffe dieser Wasserbewohner ist, was, durch die Berührung feuchter und ungleichartiger Teile erweckt, in allen Organen der Tiere und Pflanzen umtreibt, was die weite Himmelsdecke donnernd entflammt, was Eisen an Eisen bindet und den stillen wiederkehrenden Gang der leitenden Nadel lenkt: alles, wie die Farbe des geteilten Lichtstrahles, fließt aus einer Quelle; alles schmilzt in eine ewige, allverbreitete Kraft zusammen.

Ich könnte hier den gewagten Versuch eines Naturgemäldes der Steppe schließen. Aber wie auf dem Ozean die Phantasie sich gern mit den Bildern ferner Küsten beschäftigt, so werfen auch wir, ehe die große Ebene uns entschwindet, vorher einen flüchtigen Blick auf die Erdstriche, welche die Steppe begrenzen.

Afrikas nördliche Wüste scheidet die beiden Menschenarten, welche ursprünglich demselben Weltteil angehören und deren unausgeglichener Zwist so alt als die Mythe von Osiris und Typhon scheint. Nördlich vom Atlas wohnen schlicht- und langhaarige Völkerstämme von gelber Farbe und kaukasischer Gesichtsbildung. Dagegen leben südlich vom Senegal gegen Sudan hin, Negerhorden, die auf mannigfaltigen Stufen der Zivilisation gefunden werden. In Mittelasien ist, durch die mongolische Steppe, sibirische Barbarei von der uralten Menschenbildung auf der Halbinsel von Hindustan getrennt.

Auch die südamerikanischen Ebenen begrenzen das Gebiet europäischer Halbkultur. Nördlich, zwischen der Gebirgskette von Venezuela und dem Antillischen Meere, liegen gewerbsame Städte, reinliche Dörfer und sorgsam bebaute Fluren aneinander gedrängt. Selbst Kunstsinn, wissenschaftliche Bildung und die edle Liebe zur Bürgerfreiheit sind längst darinnen erwacht.

Gegen Süden umgibt die Steppe eine schaudervolle Wildnis. Tausendjährige Wälder, ein undurchdringliches Dickicht erfüllen den feuchten Erdstrich zwischen dem Orinoko und dem Amazonenstrome. Mächtige bleifarbige Granitmassen verengen das Bett der schäumenden Flüsse. Berge und Wälder hallen wider von dem Donner der stürzenden Wasser, von dem Gebrülle des tigerartigen Jaguars, von dem dumpfen, regenverkündenden Geheule der bärtigen Affen.

Wo der seichte Strom eine Sandbank übrigläßt, da liegen mit offenem Rachen, unbeweglich wie Felsstücke hingestreckt, oft bedeckt mit Vögeln, die ungeschlachten Körper der Krokodile. Den Schwanz um einen Baumast befestigt, zusammengerollt, lauert am Ufer, ihrer Beute gewiß, die schachbrettfleckige Boaschlange. Schnell entrollt und vorgestreckt, ergreift sie in der Furt den jungen Stier oder das schwächere Wildbret und zwängt den Raub, in Geifer gehüllt, mühsam durch den schwellenden Hals.

In dieser großen und wilden Natur leben mannigfaltige Geschlechter der Menschen. Durch wunderbare Verschiedenheit der Sprachen gesondert, sind nomadisch, dem Akkerbau fremd, Ameisen, Gummi und Erde genießend, ein Auswurf der Menschheit (wie die Otomaken und Jaruren); andere angesiedelt, von selbsterzielten Früchten genährt, verständig und sanfterer Sitten (wie die Maquiritarer Maco). Große Räume zwischen dem Cassiquiare und dem Atabapo sind nur vom Tapir und von geselligen Affen, nicht von Menschen bewohnt. In Felsen gegrabene Bilder beweisen, daß auch diese Einöde einst der Sitz höherer Kultur war. Sie zeugen für die wechselnden Schicksale der Völker; wie es auch die ungleich entwickelten, biegsamen Sprachen tun, welche den ältesten und unvergänglichsten historischen Denkmälern der Menschheit gehören.

Wenn aber in der Steppe Tiger und Krokodile mit Pferden und Rindern kämpfen, so sehen wir an ihrem waldigen Ufer, in den Wildnissen der Guyana, ewig den Menschen gegen den Menschen gerüstet. Mit unnatürlicher Begier trinken hier einzelne Völkerstämme das ausgesogene Blut ihrer Feinde, andere würgen, scheinbar waffenlos und doch zum Morde vorbereitet, mit vergiftetem Daumnagel. Die schwächeren Horden, wenn sie das sandige Ufer betreten, vertilgen sorgsam mit den Händen die Spur ihrer schüchternen Tritte.

So bereitet der Mensch auf der untersten Stufe tierischer Roheit, so im Scheinglanze seiner höheren Bildung sich stets ein mühevolles Leben. So verfolgt den Wanderer über den weiten Erdkreis, über Meer und Land, wie den Geschichtsforscher durch alle Jahrhunderte das einförmige, trostlose Bild des entzweiten Geschlechtes.

DAS HOCHLAND VON CAXAMARCA, DER ALTEN RESIDENZSTADT DES INKA ATAHUALLPA

Der ernste Eindruck, welchen die Wildnisse der Kordilleren hervorrufen, wird auf eine merkwürdige und unerwartete Weise dadurch vermehrt, daß gerade noch in ihnen bewundernswürdige Reste von der Kunststraße der Inka, von dem Riesenwerke sich erhalten haben, durch welches auf einer Länge von mehr als 250 geographischen Meilen (1780 km) alle Provinzen des Reiches in Verbindung gesetzt waren. Stellenweise, meist in gleichen Entfernungen, finden sich aus wohlbehauenen Quadersteinen aufgeführte Wohnhäuser, eine Art Karawansereien, Tambos, auch Inca-Pilca (von pircca die Wand?) genannt. Einige sind festungsartig umgeben, andere zu Bädern mit Zuleitung von warmem Wasser eingerichtet, die größeren für die Familie des Herrschers selbst bestimmt. Ich hatte bereits am Fuße des Vulkanes Cotopaxi bei Callo solche wohlerhaltenen Gebäude (Pedro de Cieça nannte sie im 16. Jahrhundert Aposentos de Mulalo) mit Sorgfalt gemessen und gezeichnet. Auf dem Andespasse zwischen Alausi und Loxa, den man den Paramo del Assuay nennt (14 568 Fuß = 4732 m über dem Meere, also ein viel besuchter Weg über die Ladera de Cadlud fast in der Höhe des Montblanc), hatten wir in der Hochebene del Pullal große Mühe, unsere schwer belasteten Maultiere durch den sumpfigen Boden durchzuführen, während neben uns in einer Strecke von mehr als einer deutschen Meile unsere Augen ununterbrochen auf die großartigen Reste der 20 Fuß (6,5 m) breiten Inkastraße geheftet waren. Es hatte dieselbe einen tiefen Unterbau und war mit wohlbehauenem, schwarzbraunem Trapporphyr gepflastert. Was ich von römischen Kunststraßen in Italien, dem südlichen Frankreich und Spanien gesehen, war nicht imposanter als diese Werke der alten Peruaner; dazu finden sich letztere nach meinen Barometermessungen in der Höhe von 12440 Fuß (4041 Meter). Diese Höhe übersteigt demnach den Gipfel des Pik von Teneriffa um mehr als 1000 Fuß (320 m). Ebensohoch liegen am Assuay die Trümmer des sogenannten Palastes des Inka Tupac Yupanqui, welche unter dem Namen der Paredones del Inca bekannt sind. Von ihnen führt südlich gegen Cuenca hin die Kunststraße nach der kleinen, aber wohl erhaltenen Festung des Cañar hin, wahrscheinlich aus derselben Zeit des Tupac Yupanqui oder seines kriegerischen Sohnes Huayna Capac.

Noch herrlichere Trümmer der altperuanischen Kunststraßen haben wir auf dem Wege zwischen Loxa und dem Amazonenstrome bei den Bädern der Inkas auf dem Paramo de Chulucanas, unfern Guancabamba und um Ingatambo bei Pomahuaca gesehen. Von diesen Trümmern liegen die letzteren so wenig hoch, daß ich den Niveauunterschied zwischen der Inkastraße bei Pomahuaca und der Inkastraße des Paramo del Assuay größer als 9100 Fuß (2956 m) gefunden habe. Die Entfernung beträgt in gerader Linie nach astronomischen Breiten genau 46 geographische Meilen (341 km) und das Ansteigen der Straße ist 3500 Fuß (1137 m) mehr als die Höhe des Passes vom Mont Cenis über den Comersee. Von den zwei Systemen gepflasterter, mit platten Steinen belegter, bisweilen sogar mit zementierten Kieseln überzogener (makadamisierter) Kunststraßen gingen die einen durch die weite und dürre Ebene zwischen dem Meeresufer und der Andeskette, die anderen auf dem Rücken der Cordillerenkette selbst. Meilensteine gaben oft die Entfernungen in gleichen Abständen an. Brücken dreierlei Art, steinerne, hölzerne oder Seilbrücken (Puentes de Hamaca oder de Maroma), führten über Bäche und Abgründe; Wasserleitungen zu den Tambos (Hotellerien) und festen Burgen. Beide Systeme von Kunststraßen waren nach dem Zentralpunkte Cuzco, dem Sitze des großen Reiches (13° 31' südl. Br.), gerichtet, die Höhe dieser Hauptstadt ist nach Pentlands Karte von Bolivia 10676 Fuß (Pariser Maßes, = 3471 m) über dem Meeresspiegel. Da die Peruaner sich keines Fuhrwerkes bedienten, die Kunststraßen nur für Truppenmarsch, Lastträger und Scharen leicht bepackter Lama bestimmt waren, so findet man sie, bei der großen Steilheit des Gebirges, hie und da durch lange Reihen von Stufen unterbrochen, auf denen Ruheplätze angebracht sind. Francisco Pizarro und Diego Almagro, die sich mit so vielem Vorteil auf ihren weiten Heerzügen der Militärstraßen der Inka bedienten, fanden für die spanische Reiterei eine besondere Schwierigkeit da, wo Stufen und Treppen die Kunststraße unterbrachen. Das Hindernis war um so größer, als die Spanier sich im Anfange der Konquista bloß der Pferde, nicht der bedächtigen, im Gebirge jeden Fußtritt gleichsam überdenkenden Maultiere bedienten. Erst später kam der Gebrauch der Maultiere in der Reiterei auf.

Sarmiento, der die Inkastraßen noch in ihrer ganzen Erhaltung sah, fragte sich in einer Relacion, die lange in der Bibliothek des Eskorial unbenutzt vergraben lag: »wie ein Volk ohne Gebrauch des Eisens in hohen Felsgegenden so prachtvolle Werke (caminos tan grandes y tan sovervios), von Cuzco nach Quito und von Cuzco nach der Küste von Chile habe vollenden können?« »Kaiser Karl«, setzte er hinzu, »würde mit aller seiner Macht nicht einen Teil dessen schaffen, was das wohl eingerichtete Regiment der Inka über die gehorchenden Volksstämme vermochte.« Hernando Pizarro, der gebildetste der drei Brüder, welcher für seine Untaten in zwanzigjähriger Gefangenschaft zu Medina del Campo büßte und hundertjährig starb im Geruche der Heiligkeit (en olor de Santidad), ruft aus: »In der ganzen Christenheit sind so herrliche Wege nirgens zu sehen als die, welche wir hier bewundern.« Die beiden wichtigen Residenzstädte der Inka, Cuzco und Quito, sind in gerader Linie (SSO bis NNW), ohne die vielen Krümmungen des Weges in Anschlag zu bringen, 225 geographische Meilen (1670 km) voneinander entfernt; mit den Krümmungen rechnen Garcilaso de la Vega und andere Konquistadores 500 Leguas (3343 km). Trotz dieser Länge des Weges ließ Huayna Capac, dessen Vater Quito erobert hatte, nach dem sehr vollgültigen Zeugnisse des Lizentiaten Polo de Ondegardo, für die fürstlichen Bauten (Inkawohnungen) in Quito gewisse Baumaterialien aus Cuzco kommen. Ich habe selbst noch an dem ersteren Orte diese Sage unter den Eingeborenen verbreitet gefunden.

Wo durch Gestaltung des Bodens die Natur dem Menschen großartige Hindernisse zu überwinden darbietet, wächst bei unternehmenden Voksstämmen mit dem Mute auch die Kraft. Unter dem despotischen Zentralisationssysteme der Inkaherrschaft waren Sicherheit und Schnelligkeit der Kommunikation, besonders der Truppenbewegung, ein wichtiges Regierungsbedürfnis. Daher die Anlage von Kunststraßen und von sehr vervollkommneten Posteinrichtungen. Bei Völkern, welche auf den verschiedensten Stufen der Bildung stehen, sieht man die Nationaltätigkeit sich besonderer Vorliebe in einzelnen Richtungen bewegen; aber die auffallende Entwicklung solcher vereinzelnden Tätigkeiten entscheidet keineswegs über den ganzen Kulturzustand. Ägypter, Griechen, Etrusker und Römer, Chinesen, Japaner und Inder zeigen uns diese Kontraste. Welche Zeit erforderlich gewesen ist, um die peruanischen Kunststraßen zu schaffen, ist schwer zu entscheiden. Die großen Werke im nördlichen Teile des Inkareiches, auf dem Hochlande von Quito, müssen allerdings in weniger als 30 oder 35 Jahren vollendet worden sein, in der kurzen Epoche, welche zwischen die Besiegung des Herrschers von Quito und den Tod des Inka Uuayna Capac fällt; während über das Alter der südlichen, eigentlich peruanischen Kunststraßen ein tiefes Dunkel herrscht.

Trotz der großen Bewunderung, welche die ersten Konquistadores den Kunststraßen und Wasserleitungen der Peruaner gezollt haben, sind die einen und die anderen nicht bloß nicht unterhalten, sondern mutwillig zerstört worden; schneller noch, Unfruchtbarkeit durch Wassermangel erzeugend, in dem Litoral, um schön behauene Steine zu neuen Bauten anzuwenden, als auf dem Rücken der Andeskette oder in den tiefen, spaltartigen Gebirgstälern, von welchen diese Kette durchschnitten wird. Wir waren gezwungen, in langen Tagesreisen von den Syenitfelsen von Zualaca bis zu dem versteinerungsreichen Tale von San Felipe (am Fuße des eisigen Paramo de Yamoca) den Rio de Guancabamba, welcher sich in den Amazonenstrom ergießt, wegen seiner vielen Krümmungen 27mal zu durchwaten, während wir hier abermals an einer uns nahen, steilen Felswand immerfort die Reste der hochaufgemauerten, geradlinigen Kunststraße der Inka mit ihren Tambos sahen. Der kleine, kaum 120 bis 140 Fuß (40 bis 45 m) breite Gießbach war so reißend, daß unsere schwer beladenen Maultiere oft Gefahr liefen, in der Flut fortgerissen zu werden. Sie trugen unsere Manuskripte, unsere getrockneten Pflanzen, alles, was wir seit einem Jahr gesammelt hatten. Man harret dann am jenseitigen Ufer mit unbehaglicher Spannung, bis der lange Zug von 18 bis 20 Lasttieren der Gefahr entgangen ist.

Derselbe Rio de Guancabamba wird in seinem unteren Laufe, da, wo er viele Wasserfälle hat, auf eine recht sonderbare Weise zur Korrespondenz mit der Südseeküste benutzt. Um die wenigen Briefe, welche von Truxillo aus für die Provinz Jaen de Bracamores bestimmt sind, schneller zu befördern, bedient man sich eines schwimmenden Postboten. Man nennt ihn im Lande el correro que nada. In zwei Tagen schwimmt der Postbote (gewöhnlich ein junger Indianer) von Pomahuaca bis Tomependa, erst auf dem Rio de Chamaya (so heißt der untere Teil des Rio de Guancabamba) und dann auf dem Amazonenstrome. Er legt die wenigen Briefe, die ihm anvertraut werden, sorgfältig in ein weites, baumwollenes Tuch, das er turbanartig sich um den Kopf wickelt. Bei den Wasserfällen verläßt er den Fluß und umgeht sie durch das nahe Gebüsch. Damit er von dem langen Schwimmen weniger ermüde, umfaßt er oft mit einem Arme einen Bolzen von leichtem Holze (Ceiba, Pab del balsa) aus der Familie der Bombaceen. Auch wird der Schwimmende bisweilen von einem Freunde als Gesellschafter begleitet. Für den Proviant brauchen beide nicht zu sorgen, da sie in den zerstreuten, reichlich mit Fruchtbäumen umgebenen Hütten der schönen Huertas de Pucara und Cavico überall gastliche Aufnahme finden.

Der Fluß ist glücklicherweise frei von Krokodilen; sie werden auch in dem oberen Laufe des Amazonenstromes erst unterhalb der Katarakte von Mayasi angetroffen. Das träge Untier liebt die ruhigeren Wasser. Nach meiner Messung hat der Rio de Chamaya von der Furt (Paso) de Pucara bis zu seiner Einmündung in den Amazonenstrom unter dem Dorfe Choros, in der kleinen Entfernung von 13 geographischen Meilen (96 km), nicht weniger als 1668 Fuß (217 m) Gefälle. Der Gouverneur der Provinz Jaen de Bracamores hat mir versichert, daß auf dieser sonderbaren Wasserpost selten Briefe benetzt oder verloren werden. Ich habe in der Tat selbst, bald nach meiner Rückkunft aus Mexiko, in Paris auf dem eben beschriebenen Wege Briefe aus Tomependa erhalten. Viele wilde Indianerstämme, die an den Ufern des oberen Amazonenflusses wohnen, machen ihre Reisen auf ähnliche Weise, gesellig stromabwärts schwimmend. Ich hatte Gelegenheit, so 30 bis 40 Köpfe (Männer, Weiber und Kinder) aus dem Stamme der Xivaros im Flußbette bei ihrer Ankunft in Tomependa zu sehen. Der Correo que nada kehrt zu Lande zurück auf dem beschwerlichen Wege des Paramo del Paredon.

Kleine Porphyrkuppen (wahrscheinlich einst Inseln im alten noch unabgelaufenen See) befinden sich in dem nördlichen Teile der Ebene und durchbrechen weit verbreitete Sandsteinflöze. Wir genossen auf dem Gipfel einer dieser Porphyrkuppen, auf dem Cerro de Santa Polonia, eine anmutige Aussicht. Die alte Residenz des Atahuallpa ist von dieser Seite mit Fruchtgarten und wiesenartig bewässerten Luzernefeldern (Medicago sativa, campos de alfalva) umgeben. In der Ferne sieht man die Rauchsäulen der warmen Bäder von Pultamarca aufsteigen, die noch heute den Namen baños del Inca führen. Ich habe die Temperaturen dieser Schwefelquellen 55, 2° R. gefunden. Atahuallpa brachte einen Teil des Jahres in den Bädern zu, wo noch schwache Reste seines Palastes der Zerstörungswut der Konquistadoren widerstanden haben. Das große und tiefe Wasserbecken (el tragadero), in welchem der Tradition nach einer der goldenen Tragsessel soll versenkt und immer vergebens gesucht worden sein, schien mir, seiner regelmäßigen runden Form wegen, künstlich über einer der Quellenklüfte im Sandstein ausgehauen.

Geschichte des Atahuallpa

Von der Burg und dem Palaste des Atahuallpa sind ebenfalls nur schwache Reste in der mit schönen Kirchen geschmückten Stadt übriggeblieben. Die Wut in der man, von Golddurst getrieben, schon vor dem Ende des 16. Jahrhunderts, um nach tiefliegenden Schätzen zu graben, Mauern umstürzte und die Fundamente aller Wohnungen unvorsichtig schwächte, hat die Zerstörung beschleunigt. Der Palast des

Inka lag auf einem Porphyrhügel, welcher ursprünglich an der Oberfläche (d. i. am Ausgehenden der Gesteinschichten) dermaßen behauen und ausgehöhlt worden war, daß er die Hauptwohnung fast mauerartig umzingelt. Ein Stadtgefängnis und das Gemeindehaus (la Casa del Cabildo) sind auf einem Teil der Trümmer aufgeführt. Diese Trümmer sind am ansehnlichsten noch, aber doch nur 13 bis 15 Fuß (4 bis 5 m) hoch, dem Kloster des heiligen Franziskus gegenüber; sie bestehen, wie man in der Wohnung des Kaziken beobachten kann, aus schön behauenen Quadersteinen von 2 bis 5 Fuß (0,6 bis 1 m) Länge, ohne Zement aufeinandergelegt, ganz wie an der Inca-Pilca oder festen Burg des Cañar im Hochlande von Quito.

In dem Porphyrfelsen ist ein Schacht abgeteuft, der einst in unterirdische Gemächer und in eine Galerie (Stollen) führte, von der man behauptet, daß sie bis zu einer anderen, schon oben erwähnten Porphyrkuppe, zu der von Santa Polonia, führt. Diese Vorrichtungen deuten auf Besorgnisse von Kriegszuständen und auf Sicherung der Flucht. Das Vergraben von Kostbarkeiten war übrigens eine altperuanische, sehr allgemein verbreitete Sitte. Unter vielen Privatwohnungen in Caxamarca findet man noch unterirdische Gemächer.

Man zeigte uns im Felsen ausgehauene Treppen und das sogenannte Fußbad des Inka (el lavadero de los piés). Ein solches Fußwaschen des Herrschers war von lästigen Zeremonien begleitet. Nebengebäude, die, der Tradition nach, für die Dienerschaft des Inka bestimmt waren, sind zum Teil ebenfalls von Quadersteinen aufgeführt und mit Giebeln versehen, zum Teil aber wohlgeformten Ziegeln, die mit Kieszement abwechseln (muros y obra de tapia). In denen der letztgenannten Konstruktion kommen gewölbte Blenden (Wandvertiefungen) vor, an deren hohem Alter ich lange, aber wohl mit Unrecht, gezweifelt habe.

Man zeigt in dem Hauptgebäude noch das Zimmer, in welchem der unglückliche Atahuallpa vom Monat November 1532 an neun Monate lang gefangengehalten wurde; man zeigt auch den Reisenden die Mauer, an der er das Zeichen machte, bis zu welcher Höhe er das Zimmer mit Gold füllen würde, wenn man ihn freiließe. Xerez in der »Conquista del Peru«, die uns Barcia aufbewahrt hat, Hernando Pizarro in seinen Briefen und andere Schriftsteller jener Zeit geben diese Höhe sehr verschieden an. Der gequälte Fürst sagte: »Das Gold in Barren, Platten und Gefäßen solle so hoch aufgetürmt werden, als er mit der Hand reichen könne.« Das Zimmer selbst gibt Xerez zu 22 Fuß (7 m) Länge und 17 Fuß (5,5 m) Breite an. Was von den Schätzen der Sonnentempel von Cuzco, Huaylas, Huamachuco und Pachacamac bis zu dem verhängnisvollen 29. August 1535 (dem Todestage des Inka) zusammengebracht wurde, schätzt Garcilaso de la Vega, der Peru schon 1560 in seinem 20. Jahre verließ, auf 3 838 000 Ducados de Oro.

In der Kapelle des Stadtgefängnisses, das, wie ich schon oben erwähnte, auf den Ruinen des Inkapalastes gebaut ist, wird Leichtgläubigen mit Schauder der Stein gezeigt, auf dem »unauslöschliche Blutflecke« zu sehen sind. Es ist eine 12 Fuß (4 m) lange, sehr dünne Platte, die vor dem Altare liegt, wahrscheinlich dem Porphyr oder Trachyt der Umgebung entnommen. Eine genaue Untersuchung durch Abschlagen wird nicht gestattet. Die berufenen drei oder vier Flecken scheinen hornblend- oder pyroxenreiche Zusammenziehungen in der Grundmasse der Gebirgsart zu sein. Der Lizentiat Fernando Montesinos, ob er gleich kaum 100 Jahre nach der Einnahme von Caxamarca Peru besuchte, verbreitet schon die Fabel, Atahuallpa sei in dem Gefängnis enthauptet worden, und man sehe noch Blutspuren auf einem Steine, auf dem die Hinrichtung geschehen sei. Unbestreitbar ist es und durch viele Augenzeugen bewährt, daß der betrogene Inka sich willig, unter dem Namen Juan de Atahuallpa, von seinem schändlichen, fanatischen Verfolger (dem Dominikanermönch Vicente de Valverde) taufen ließ, um nicht lebendig verbrannt zu werden. Strangulation (el garote) machte seinem Leben ein Ende, öffentlich unter freiem Himmel. Eine andere Sage gibt vor, man habe eine Kapelle auf dem Steine errichtet, wo die Strangulation vorgefallen sei, und Atahuallpas Körper ruhe unter dem Steine. Die vermeintlichen Blutflecken blieben dann freilich unerklärt. Der Leichnam hat aber nie unter diesem Steine gelegen; er wurde nach einer Totenmesse und einer feierlichen Beerdigung, bei welcher die Gebrüder Pizarro in Trauerkleidern (!) zugegen waren, zuerst auf dem Kirchhof des Convento de San Francisco und später nach Quito, Atahuallpas Geburtsstadt, gebracht. Die letzte Translation geschah nach dem ausdrücklichen Wunsche des sterbenden Inka. Sein persönlicher Feind, der verschlagene Rumiñavi (das Steinerne Auge genannt wegen der Entstellung des einen Auges durch eine Warze; rumi Stein, ñaui Auge in Qquechhua), veranstaltete in Quito, aus List und politischen Absichten, eine feierliche Beerdigung.

In den traurigen architektonischen Resten dahingeschwundener alter Herrlichkeit wohnen in Caxamarca Abkömmlinge des Monarchen. Es ist die Familie des indischen Kaziken, nach dem Qquechhua-Idiom des Curaca, Astorpilco. Sie lebt in großer Dürftigkeit, doch genügsam, ohne Klage, voll Ergebung in ein hartes unverschuldetes Verhängnis. Ihre Abkunft von Atahuallpa durch die weibliche Linie wird in Caxamarca nirgens geleugnet, aber Spuren des Bartes deuten vielleicht auf einige Vermischung mit spanischem Blute. Beide vor dem Einfalle der Spanier regierenden Söhne des großen, aber für einen Sonnensohn etwas freigeistigen Huayna Capac, Huascar und Atahuallpa, hinterließen keine anerkannten Söhne. Huascar wurde Atahuallpas

Gefangener in den Ebenen von Quipaypan und auf dessen heimlichen Befehl bald darauf ermordet. Auch von den beiden übrigen Brüdern des Atahuallpa, von dem unbedeutenden jungen Toparca, welchen Pizarro (Herbst 1533) als Inka krönen ließ, und von dem unternehmenderen, ebenfalls gekrönten, aber dann wieder rebellischen Manco Capac, sind keine männlichen Nachkommen bekannt. Atahuallpa hinterließ einen Nachkommen, als Christ Don Francisco genannt, der sehr jung starb, und eine Tochter, Doña Angelina, mit welcher Francisco Pizarro im wilden Kriegsleben einen von ihm sehr geliebten Sohn, des hingerichteten Herrschers Enkel, zeugte. Außer der Familie des Astorpilco, mit der ich in Caxamarca verkehrte, wurden zu meiner Zeit noch die Carguaraicos und Titu-Buscamayta als Verwandte der Inkadynastie bezeichnet. Das Geschlecht Buscamayta ist aber jetzt ausgestorben.

Der Sohn des Kaziken Astorpilco, ein freundlicher junger Mensch von 17 Jahren, der mich durch die Ruinen seiner Heimat, des alten Palastes, begleitete, hatte in großer Dürftigkeit seine Einbildungskraft mit Bildern angefüllt von der unterirdischen Herrlichkeit und den Goldschätzen, welche die Schutthaufen bedecken, auf denen wir wandeln. Er erzählte, wie einer seiner Altväter einst der Gattin die Augen verbunden und sie durch viele Irrgänge, die in den Felsen ausgehauen waren, in den unterirdischen Garten des Inka hinabgeführt habe. Die Frau sah dort kunstreich nachgebildet in reinstem Golde Bäume mit Laub und Früchten, Vögel auf den Zweigen sitzend und den vielgesuchten, goldenen Tragsessel (una de las andas) des Atahuallpa. Der Mann gebot seiner Frau, nichts von diesem Zauberwerke zu berühren, weil die längst verkündigte Zeit (die Wiederherstellung des Inkareiches) noch nicht gekommen sei. Wer früher sich davon aneigne, müsse sterben in derselben Nacht. Solche goldenen Träume und Phantasien des Knaben gründeten sich auf Erinnerungen und Traditionen der Vorzeit. Der Luxus künstlicher goldener Gärten (Jardines ó Huertas de oro) ist von Augenzeugen vielfach beschrieben, von Cieza de Leon, Sarmiento, Garcilaso und anderen früheren Geschichtsschreibern der Konquista. Man fand sie unter dem Sonnentempel von Cuzco, in Caxamarca, in dem anmutigen Tale von Yucay, einem Lieblingssitze der Herrscherfamilie. Da, wo die goldenen Huertas nicht unterirdisch waren, standen lebend vegetierende Pflanzen neben den künstlich nachgebildeten. Unter den letzteren nennt man immer die hohen Maisstauden und Maisfrüchte im Kolben (mazorcas) als besonders gelungen.

Die krankhafte Zuversicht, mit welcher der junge Astorpilco aussprach, daß unter mir, etwas zur Rechten der Stelle, wo ich eben stand, ein großblütiger Daturabaum, ein Guanto, von Golddraht und Goldblech künstlich geformt, den Ruhesitz des Inka mit seinen Zweigen bedecke, machte einen tiefen, aber trüben Eindruck auf mich. Luftbilder und Täuschung sind hier wiederum Trost für große Entbehrung und irdische Leiden. »Fühlst du und deine Eltern«, fragte ich den Knaben, »da ihr so fest an das Dasein dieser Gärten glaubt, nicht bisweilen ein Gelüste, in eurer Dürftigkeit nach den nahen Schätzen zu graben?« Die Antwort des Knaben war so einfach, so ganz der Ausdruck der stillen Resignation, welche der Rasse der Urbewohner des Landes eigentümlich ist, daß ich sie spanisch in meinem Tagebuch aufgezeichnet habe: »Solch ein Gelüste (tal antojo) kommt uns nicht; der Vater sagt, daß es sündlich wäre (que fuese pecado). Hätten wir die goldenen Zweige samt allen ihren goldenen Früchten, so würden die weißen Nachbarn uns hassen und schaden. Wir besitzen ein kleines Feld und guten Weizen (buen trigo).«

Der unter den Eingeborenen so weit verbreitete Glaube, daß es strafbar sei und ein Unglück über ein ganzes Geschlecht bringe, wenn man sich vergrabener Schätze, die dem Inka gehört haben können, bemächtige, hängt mit einem anderen, besonders im 16. und 17. Jahrhundert herrschenden Glauben, mit dem an die Wiederherstellung eines Inkareiches, zusammen. Jede unterdrückte Nationalität hofft Befreiung, eine Erneuerung des alten Regiments. Die Flucht von Manco Inka, dem Bruder des Atahuallpa, in die Wälder von Vilcapampa am Abhange des östlichen Kordillere, der Aufenthalt von Sayri Tupac und Inka Tupac Amaru in jenen Wildnissen haben bleibende Erinnerungen zurückgelassen. Man glaubte, daß zwischen den Flüssen Apurimac und Beni oder noch östlicher in der Guayana Nachkommen der entthronten Dynastie angesiedelt wären. Die von Westen nach Osten wandernde Mythe des Dorado und der goldenen Stadt Manoa vermehrte solche Träume. Raleighs Einbildungskraft war so davon entflammt, daß er eine Expedition auf die Hoffnung gründete, die Inselstadt (imperial and golden city) zu erobern, eine Garnison von 3000 bis 4000 Engländern hineinzulegen und dem Emperor of Guyana, der von Huayna Capac abstammt und sein Hoflager mit derselben Pracht hält, einen jährlichen Tribut von 300000 Pfund Sterling aufzulegen, als Preis für die verheißene Restauration in Cuzco und Caxamarca. Spuren von solchen Erwartungen einer wiederkehrenden Inkaherrschaft haben sich, so weit die peruanische Qquechhuasprache verbreitet ist, in den Köpfen vieler der vaterländischen Geschichte etwas kundigen Eingeborenen erhalten.

ATARUIPE – DIE GRUFT EINES UNTERGEGANGENEN VÖLKERSTAMMES

Am südlichen Eingang des Raudals von Atures am rechten Ufer des Flusses liegt die unter den Indianern weit berufene Höhle von Ataruipe. Die Gegend umher hat einen großen und ernsten Naturcharakter, der sie wie zu einem National-Begräbnis geeignet erscheinen läßt. Man erklimmt mühsam, selbst nicht ohne Gefahr, in eine große Tiefe hinabzurollen, eine steile, völlig nackte Granitwand. Es würde kaum möglich sein, auf der glatten Fläche festen Fuß zu fassen, träten nicht Feldspat-Kristalle, der Verwitterung trotzend, zollang aus dem Gestein hervor.

Kaum ist die Kuppe erreicht, so wird man durch eine weite Aussicht über die umliegende Gegend überrascht. Aus dem schäumenden Flußbett erheben sich mit Wald geschmückte Hügel. Jenseits des Stromes über das westliche Ufer hinweg ruht der Blick auf der unermeßlichen Grasflur des Meta. Am Horizont erscheint wie ein drohend aufziehendes Gewölk das Gebirge Uniama. So die Ferne; nahe umher ist alles öde und eng. Im tief gefurchten Tal schweben einsam die Geier und die krächzenden Caprimulge. An der nackten Felswand schleicht ihr schwindender Schatten hin.

Dieser Kessel ist von Bergen begrenzt, deren abgerundete Gipfel ungeheure Granitkugeln tragen. Der Durchmesser dieser Kugeln beträgt 40 bis 50 Fuß. Sie scheinen die Unterlage nur in einem einzigen Punkt zu berühren, eben als müßten sie bei dem schwächsten Erdstoß herabrollen.

Der hintere Teil des Felstals ist mit dichtem Laubholz bedeckt. An diesem schattigen Ort öffnet sich die Höhle von Ataruipe, eigentlich nicht eine Höhle, sondern ein Gewölbe, eine weit überhängende Klippe; eine Bucht, welche die Wasser, als sie einst diese Höhe erreichten, ausgewaschen haben. Dieser Ort ist die Gruft eines vertilgten Völkerstammes. Wir zählten ungefähr 600 wohlerhaltene Skelette in ebenso vielen Körben, die von den Stielen des Palmenlaubes geflochten sind. Diese Körbe, welche die Indianer Mapires nennen, bilden eine Art viereckiger Säcke, die nach dem Alter des Verstorbenen von verschiedener Größe sind. Selbst neugeborene Kinder haben ihr eigenes Mapire. Die Skelette sind so vollständig, daß keine Rippe, keine Phalange fehlt.

Die Knochen sind auf dreierlei Weise zubereitet: teils gebleicht, teils mit Onoto, dem Pigment der Bixa Orellana, rot gefärbt, teils mumienartig zwischen wohlriechendem Harz in Pisangblätter eingeknetet. Die Indianer versichern, man grabe den frischen Leichnam auf einige Monate in feuchte Erde, welche das Muskelfleisch allmählich verzehre; dann scharre man ihn aus und schabe mit scharfen Steinen den Rest des Fleisches von den Knochen ab. Dies sei noch der Gebrauch mancher Horden in Guyana. Neben den Mapires oder Körben findet man auch Urnen von halbgebranntem Ton, welche die Knochen von ganzen Familien zu enthalten scheinen.

Die größeren dieser Urnen sind 3 Fuß hoch und 5½ Fuß lang, von angenehmer ovaler Form, grünlich, mit Henkeln in Gestalt von Krokodilen und Schlangen, an dem oberen Rande mit Mäandern und Labyrinthen geschmückt. Diese Verzierungen sind ganz denen ähnlich, welche die Wände des mexikanischen Palastes bei Mitla bedecken. Man findet sie unter allen Zonen, auf den verschiedensten Stufen menschlicher Kultur: unter Griechen und Römern wie auf den Schilden der Tahitier und anderer Inselbewohner der Südsee, überall, wo rhythmische Wiederholung regelmäßiger Formen dem Auge schmeichelt. Die Ursachen dieser Ähnlichkeiten beruhen, wie ich an einem andern Ort entwickelt habe, mehr auf psychischen Gründen, auf der inneren Natur unserer Geistesanlagen, als daß sie Gleichheit der Abstammung und alten Verkehr der Völker beweisen.

Unsere Dolmetscher konnten keine sichere Auskunft über das Alter dieser Gefäße geben. Die meisten Skelette schienen indes nicht über hundert Jahre alt zu sein. Es geht die Sage unter den Guareca-Indianern, die tapferen Aturer hätten sich, von menschenfressenden Kariben bedrängt, auf die Klippen der Katarakte gerettet; ein trauriger Wohnsitz, in welchem der bedrängte Völkerstamm und mit ihm seine Sprache unterging. In dem unzugänglichsten Teil des Raudals befinden sich ähnliche Grüfte; ja, es ist wahrscheinlich, daß die letzte Familie der Aturer spät erst ausgestorben sei. Denn in Maipures (ein sonderbares Faktum) lebt noch ein alter Papagei, von dem die Eingeborenen behaupten, daß man ihn darum nicht verstehe, weil er die Sprache der Aturer rede.

Wir verließen die Höhle bei einbrechender Nacht, nachdem wir mehrere Schädel und das vollständige Skelett eines bejahrten Mannes, zum größten Ärgernis unsrer indianischen Führer gesammelt hatten. Einer dieser Schädel ist von Blumenbach in seinem vortrefflichen craniologischen Werk abgebildet worden. Das Skelett selbst aber ging, wie ein großer Teil unserer Naturalien-Sammlungen, besonders der entomologischen, in einem Schiffbruch verloren, welcher an der afrikanischen Küste unserem Freund und ehemaligen Reisegefährten, dem jungen Franziskaner-Mönch Juan Gonzalez, das Leben kostete.

Wie im Vorgefühl dieses schmerzhaften Verlustes, in ernster Stimmung, entfernten wir uns von der Gruft eines untergegangenen Völkerstamms. Es war eine der heiteren und kühlen Nächte, die unter den Wendekreisen so gewöhnlich sind. Mit farbigen Ringen umgeben, stand die Mondscheibe hoch im Zenit. Sie erleuchtete den Saum des Nebels, welcher in scharfen Umrissen, wolkenartig, den schäumenden Fluß bedeckte. Zahllose Insekten gossen ihr rötliches Phosphorlicht über die krautbedeckte Erde. Von dem lebendigen Feuer erglühte der Boden, als habe die sternenvolle Himmelsdecke sich auf die Grasflur niedergesenkt. Rankende Bignonien, duftende Vanille und gelbblühende Banisterien schmückten den Eingang der Höhle. Über dem Grab rauschten die Gipfel der Palmen.

So sterben dahin die Geschlechter der Menschen. Es verhallt die rühmliche Kunde der Völker. Doch wenn jede Blüte des Geistes welkt, wenn im Sturm der Zeiten die Werke schaffender Kunst zerstieben, so entsprießt ewig neues Leben aus dem Schoß der Erde. Rastlos entfaltet ihre Knospen die zeugende Natur, unbekümmert, ob der frevelnde Mensch (ein nie versöhntes Geschlecht) die reifende Frucht zertritt.

Der Aturen-Papagei ist der Gegenstand eines lieblichen Gedichtes geworden, welches ich meinem Freunde, Professor Ernst Curtius, Erzieher des jungen, hoffnungsvollen Prinzen Friedrich Wilhelm von Preußen, verdanke. Er wird es mir verzeihen, wenn ich sein Gedicht, das zu keiner Veröffentlichung bestimmt und mir in einem Brief mitgeteilt war, hier am Ende des ersten Bandes der »Ansichten der Natur«, einschalte.

In der Orinoco-Wildnis
Sitzt ein alter Papagei,
Kalt und starr, als ob sein Bildnis
Aus dem Stein gehauen sei.

Schäumend drängt durch Felsendämme
Sich des Stroms zerrißne Flut.
Drüber wiegen Palmenstämme
Sich in heitrer Sonnenglut.

Wie hinan die Welle strebet,
Nie erreichet sie das Ziel;

In den Wasserstaub verwebet
Sich der Sonne Farbenspiel.

Unten, wo die Wogen branden,
Hält ein Volk die ewge Ruh;
Fortgedrängt aus seinen Landen,
Floh es diesen Klippen zu.

Und es starben die Aturen,
Wie sie lebten, frei und kühn;
Ihres Stammes letzte Spuren
Birgt des Uferschilfes Grün.

Der Aturen allerletzter,
Trauert dort der Papagei;
Am Gestein den Schnabel wetzt er
Durch die Lüfte tönt sein Schrei.

Ach die Knaben, die ihn lehrten
Ihrer Muttersprache Laut,
Und die Frauen, die ihn nährten,
Die ihm selbst das Nest gebaut:

Alle liegen sie erschlagen
Auf dem Ufer hingestreckt,
Und mit seinen bangen Klagen
Hat er keinen aufgeweckt.

Einsam ruft er, unverstanden,
In die fremde Welt hinein;
Nur die Wasser hört er branden,
Keine Seele achtet sein.

Und der Wilde, der ihn schaute,
Rudert schnell am Riff vorbei;
Niemand sah, dem es nicht graute,
Den Aturen-Papagei.

ÜBER »CENTRAL-ASIEN«

Zweimal habe ich in meinem Leben die Hoffnung gehabt, in's Innere von Asien einzudringen, entweder von Kaschgar und Yarkand oder auf dem leichteren Wege von Persien aus. Diese Pläne, welche mich lange Zeit lebhaft beschäftigten, führten mich notwendig zu einem eifrigen Studium der Sprachen, wie zu einer mühsamen Aufsuchung aller mir zugänglichen Dokumente, welche mir über die Orographie und Klimatologie des ganzen Asiens Aufschlüsse geben konnten.

Wenn man eine asiatische Literatur näher betrachtet, besonders die der Nation, deren alte Kultur sich uns unter so seltsamen Formen darstellt, so erregen vor allem der Bau der Sprache und die Natur der Zeichen, welche die Ideen oder Töne ausdrücken, der Mangel an grammatischen Flexionen oder ihre organischen Analogien in anderen Idiomen, der Einfluß, welchen der Charakter einer Sprache auf die Entwicklung des Geistes oder die Hindernisse, welche, sie seinen Fortschritten entgegengesetzt, unter dem höheren Gesichtspunkte der neuern Philologie das Interesse der Völker Europas. Der analytischen Untersuchung der Sprache, durch welche eine genaue Übersetzung möglich gemacht wird, folgt das Verlangen nach einer Kenntnis der literarischen Produktionen, die Betrachtung der verschiedenen Werke, welche in der Sprache des Konfuzius verfaßt sind. Diese Sprache, mit welcher mein Bruder so vertraut war und welche ich mir leider nicht aneignen konnte, liefert nicht bloß moderne Kompositionen von Dramen, Romanen und leichten Gedichten; in ihren alten Formen hat sie sich auch mit der abstrakten, ernsten Philosophie des Lao-tse und Ming-tseu zu vereinigen gewußt. Das erste von diesen beiden Werken, deren Übersetzung in's Französische wir Herrn Julien verdanken, ist um mehr als anderthalb Jahrhunderte vor Herodot verfaßt.

Die Chinesen haben einen dreifachen Vorteil gehabt, um in ihrer Literatur eine so beträchtliche Menge von geographischen Angaben über Hoch-Asien, über die Regionen zwischen der Kette des Inschan, des Alpensees Kuku-Nor, die Ufer des Ili und Tarim zu sammeln. Diese drei Vorteile sind: die Kriegszüge gegen den Westen und die friedlichen Eroberungen der Buddha-Pilger; das religiöse Interesse, welches sich wegen der notwendigen Opfer an die Gebirge knüpfte; der frühzeitige und allgemein bekannte Gebrauch des Kompasses zur Orientierung. Dieser Gebrauch und die Kenntnis der eigentümlichen Direktion der Magnetnadel, zwölf Jahrhunderte vor der christlichen Zeitrechnung, hat den orographischen und hydraulischen Beschreibungen der Chinesen ein großes Übergewicht in der Genauigkeit, im Vergleich zu den ohnehin ganz seltenen Beschreibungen griechischer und römischer Autoren, verliehen.

Ich erlaube mir einige Augenblicke bei dem eben erwähnten Vorrange zu verweilen, welchen man in gewisser Beziehung den Chinesen vor den Nationen des Okzidents, welche am weitesten in Wissenschaften und Künsten fortgeschritten waren, einräumen muß.

DER RECHTSSTAND DER FARBIGEN MENSCHEN

Wofern nicht in Bälde die Gesetzgebung der Antillen und der Rechtsstand der farbigen Menschen günstige Veränderungen erhalten, wenn man fortfährt zu ratschlagen, statt zu handeln, so wird das politische Übergewicht denjenigen zufallen, welche die Kraft zur Arbeit besitzen, den Willen, sich frei zu machen, und den Mut, andauernde Entbehrungen zu erdulden. Diese blutige Katastrophe wird eintreten als ein notwendiges Ergebnis der Umstände und ohne daß die freien Neger auf Haiti daran irgendwie teilnehmen oder dem bisher befolgten Vereinzelungssystem entsagen. Wer möchte den Einfluß voraussagen, welchen eine »Afrikanische Konföderation der Freien Staaten der Antillen«, zwischen Colombia, Nordamerika und Guatemala liegend, auf die Politik der Neuen Welt ausüben würde? Die Furcht vor diesem Ereignis wirkt unstreitig mächtiger auf die Gemüter als Grundsätze der Humanität und der Gerechtigkeit; aber auf jeder Insel halten die Weißen ihre Macht für unerschütterlich. Jedes gleichzeitige Handeln von seiten der Neger scheint ihnen unmöglich, und jede Änderung, jede der dienstbaren Bevölkerung gemachte Konzession achten sie für Feigheit. Nichts hat Eile.

Diese Sucht, sich familienweise in Hütten und in Höhlen zu erhängen, von welcher Garcilaso spricht, war unstreitig ein Ergebnis der Verzweiflung; anstatt jedoch die Barbarei des 16. Jahrhunderts anzuklagen, hat man die *conquistadores* zu entschuldigen versucht, und man hat das Verschwinden der Eingeborenen ihrer *Neigung zum Selbstmord* zugeschrieben. Alle Sophismen dieser Art finden sich beisammen in dem Werk des Hrn. Nuix »Über die von den Spaniern bey der Eroberung von America bewiesene Humanität«. Der Verfasser, welcher die Vertreibung der Mauren unter

Philipp III. eine religiöse und verdienstliche Handlung nennt, schließt sein Werk mit Beglückwünschung der amerikanischen Indianer, »daß sie in die Hand der Spanier fielen, die sich zu allen Zeiten durch Humanität, wie ihre Regierung durch Einsicht und Weisheit, ausgezeichnet haben«. Mehrere Stellen des Buches erinnern an »die heilsame Strenge der Dragonaden« und an jenen anstößigen Spruch, womit ein nebenbei durch Talente und Privattugend geschätzter Mann, der Graf de Maistre (Soirées de Saint-Petersbourg, Tom. II, S. 121) die spanische Inquisition verteidigt, »weil durch sie nur einige Tropfen von verbrecherischem Blut vergossen worden sind«. Zu was für Sophismen muß man nicht Zuflucht nehmen, wenn man um die Religion, die Nationalehre oder die Stabilität der Regierungen zu verteidigen, auch *alles* dasjenige zu verteidigen unternimmt, was die Geistlichkeit, die Völker und die Könige sich in ihren Handlungen die Menschlichkeit Höhnendes und Beleidigendes haben zuschulden kommen lassen! Vergebens wäre es, wenn man die Zerstörung der beständigsten Macht auf Erden, des Zeugnisses der Geschichte, versuchte.

Die Sterblichkeit der Neger ist auf der Insel Cuba wie auf allen Antillen sehr verschieden, nach den Arten des Anbaus, nach dem Grad der Humanität, welcher bei den Herrschaften und Geschäftsführern angetroffen wird, und nach der Zahl der weiblichen Neger, welche die Kranken pflegen können. Es gibt Pflanzungen, wo jährlich 15 bis 18 von 100 sterben. Ich habe kaltblütige Erörterungen der Frage gehört, ob es für den Pflanzer vorteilhafter sei, die Sklaven nicht übermäßig zur Arbeit anzustrengen und somit dieselben seltener zu ersetzen oder aber in wenigen Jahren den größtmöglichen Vorteil aus ihnen zu ziehen und sie dann also öfter durch neuen Ankauf von *negros bozales* zu ersetzen. So rechnet die Habsucht, wo der Mensch den Menschen als Lasttier gebraucht!

»DIESE ODER JENE KÖNNEN SICH SELBST ALS WEISSE ANSEHEN«

In einem von Weißen beherrschten Land sind die Familien, von welchen man annimmt, daß sie am wenigsten mit Neger- oder Mulatten-Blut vermischt seien, am geehrtesten, so wie es auch in Spanien für eine Art von Adel gilt, weder von Juden noch von Mauren abzustammen. In Amerika entscheidet der größere oder geringere Grad von Weiß in der Farbe über den Rang, den man in der Gesellschaft behauptet. Ein Weißer, welcher barfuß zu Pferd steigt, glaubt zum Adel des Landes zu gehören, und die Farbe begründet sogar eine Art von Gleichheit unter den Menschen, welche, wie überall, wo die Zivilisation erst wenig vorgerückt oder schon rückgängig ist, gerne in Prärogativen der Rasse und Abstammung künsteln. Streitet sich ein gemeiner Mann mit einem betitelten Herrn des Landes, so sagt er ihm einmal über das andere: »Glauben Sie etwa, daß Sie weißer seien als ich?«, und dieser Ausdruck charakterisiert den Zustand und den Ursprung der gegenwärtigen Aristokratie ganz vortrefflich. Es ist daher für die Eitelkeit und das öffentliche Ansehen von großer Wichtigkeit, daß der Anteil von europäischem Blut, welcher jeder Kaste zuzuschreiben ist, bei allen aufs genaueste bestimmt wird. Nach den durch die Gewohnheit angenommenen Grundsätzen hat man folgende Verhältnisse festgesetzt.

Kasten	*Mischung des Blutes*	
Cuarterones	1/4 Neger	3/4 Weiße
Quinterones	1/8 Neger	7/8 Weiße
Zambos	3/4 Neger	1/4 Weiße
Zambos prietos	1/2 Neger	1/2 Weiße

Oftmals geschieht es, daß Familien, welche im Verdacht stehen, daß sie von vermischtem Blut seien, den obersten Justizhof (die *Audiencia*) um eine öffentliche Erklärung bitten, daß sie zu den Weißen gehören. Diese Erklärungen richten sich übrigens nicht immer nach dem Urteil der Sinne, und man sieht sehr braune Mulatten, die geschickt genug gewesen sind, sich weiß färben zu lassen, wie der gewöhnliche Ausdruck des Volks in diesem Fall heißt. Ist die Hautfarbe dem nachgesuchten Urteilsspruch zu sehr entgegen, so begnügt sich der Supplikant mit einer etwas problematischen Entscheidungsformel, und der Spruch lautet alsdann bloß so: »Diese oder jene können sich selbst als Weiße ansehen.«

ÜBER EINEN VERSUCH DEN GIPFEL DES CHIMBORAZO ZU ERSTEIGEN

[...]

Den 22 Junius 1799 war ich im Krater des Pic von Teneriffa gewesen; drei Jahre darauf, fast an demselben Tage (den 23. Junius 1802), gelangte ich, 6700 Fuß höher, bis nahe an den Gipfel des Chimborazo. Nach einem langen Aufenthalte in dem Hochlande von Quito, einer der wundervollsten und malerischsten Gegenden der Erde, unternahmen wir die Reise nach den China-Wäldern von Loxa, dem oberen Laufe des Amazonenflusses, westlich von der berühmten Strom-Enge (Pongo de Manseriche), und durch die sandige Wüste längs dem peruanischen Ufer der Südsee nach Lima, wo der Durchgang des Merkur durch die Sonnenscheibe (am 9. November 1802) beobachtet werden sollte. Wir genossen mehrere Tage lang, auf der mit Bimsstein bedeckten Ebene, in welcher man (nach dem furchtbaren Erdbeben vom 4. Februar 1797) die neue Stadt Riobamba zu gründen anfing, einer herrlichen Ansicht des glocken- oder domförmigen Gipfels des Chimborazo bei dem heitersten, eine trigonometrische Messung begünstigenden Wetter. Durch ein großes Fernrohr hatten wir den noch 15 700 Toisen entfernten Schneemantel des Berges durchforscht, und mehrere ganz vegetationsleere Felsgrate entdeckt, die, wie schmale, schwarze Streifen aus dem ewigen Schnee hervorragend, dem Gipfel zuliefen und uns einige Hoffnung gaben, daß man auf ihnen in der Schneeregion festen Fuß würde fassen können. Riobamba Nuevo liegt im Angesicht des ungeheuren jetzt zackigen Gebirgsstocks Capac-Urcu, von den Spaniern el Altar genannt, der (laut einer Tradition der Eingebornen) einst höher als der Chimborazo war und, nachdem er viele Jahre lang gespien, einstürzte. Dieses schreckenverbreitende Naturereignis fällt in die Zeit kurz vor der Eroberung von Quito durch den Inca Tupac Yupanqui. Riobamba Nuevo ist nicht mit dem alten Riobamba der großen Karte von La Condamine und Don Pedro Maldonado zu verwechseln. Letztere Stadt ist gänzlich zerstört worden durch die große Katastrophe vom 4. Februar 1797, die in wenigen Minuten über 30 000 Menschen tötete. Das neue Riobamba liegt, nach meiner Chronometer-Bestimmung, 42 Zeitsekunden östlicher als das alte Riobamba, aber fast unter derselben Breite (1° 41′ 46″ südlich).

Wir befanden uns in der Ebene von Tapia, aus der wir am 22 Junius unsere Expedition nach dem Chimborazo antraten, schon 8898 Pariser Fuß (1483 Toisen) hoch über dem Spiegel der Südsee. Diese Hochebene, einen Teil des Talbodens zwischen der östlichen und westlichen Andeskette (der Kette der tätigen Vulkane Cotopari und Tungurahua, und der Kette der ruhenden: Iliniza und Chimborazo), verfolgten wir sanft ansteigend bis an den Fuß des letzern Berges, wo wir im indischen Dorfe Calpi übernachten sollten. Sie ist sparsam mit Kaktus-Stämmen und Schinus molle, der einer Trauerweide gleicht, bedeckt. Herden buntgefärbter Lamas suchen hier zu Tausenden eine sparsame Nahrung. Auf einer so großen Höhe schadet die starke nächtliche Wärmestrahlung des Bodens, bei wolkenlosem Himmel, dem Ackerbau durch Erkältung der Luft und Erfrieren der reifenden Saaten. Ehe wir Calpi erreichten, besuchten wir Lican: jetzt ebenfalls ein kleines Dorf, aber vor der Eroberung des Landes durch den elften Inca (denselben Tupac Yupanqui, dessen wohlerhaltenen Körper Garcilaso de la Bega noch 1559 in der Familiengruft zu Cuzco gesehen hatte) eine beträchtliche Stadt und den Aufenthaltsort des Conchocando oder Fürsten der Puruay. Die Eingebornen glauben, daß die kleine Zahl wilder Lamas, die man am westlichen Abfall des Chimborazo findet, nur verwildert sind und von den, nach der Zerstörung des alten Lican zerstreuten und flüchtig gewordenen Herden abstammen.

[...]

Nachdem wir die Nacht in Calpi, nach meiner Barometer-Messung 9720 Fuß (1620 Toisen hoch) über dem Meere, zugebracht hatten, begannen wir am 23ten morgens unsere eigentliche Expedition nach dem Chimborazo. Wir versuchten den Berg von der süd-süd-östlichen Seite zu ersteigen; und die Indianer, welche uns zu Führern dienen sollten, von denen aber nur wenige je bis zur Grenze des ewigen Schnees gelangt waren, gaben dieser Richtung des Weges ebenfalls den Vorzug. Wir fanden den Chimborazo mit großen Ebenen, die stufenweise übereinander liegen, umgeben. Zuerst durchschritten wir die Llanos de Luisa; dann, nach einem nicht sehr steilen Ansteigen von kaum 5 000 Fuß Länge, gelangten wir in die Hochebene (Llano) von Sisgun.

[...]

Neunhundert Fuß über dem kleinen Wasserbecken Yana-Cocha sahen wir endlich anstehendes nacktes Gestein. Bis dahin hatte die Grasflur jeder geognostischen Untersuchung den Boden entzogen. Große Felsmauern, von Nordost nach Südwest streichend, zum Teil in unförmliche Säulen gespalten, erhoben sich aus der ewigen Schneedecke: ein bräunlich schwarzes Augitgestein, glänzend wie Pechstein-Porphyr. Die Säulen waren sehr dünn, wohl 30 bis 60 Fuß hoch, fast wie die Trachyt-Säulen des Tablahuma am Vulkan Pichincha. Eine Gruppe stand einzeln, und erinnerte in der Ferne fast an Masten und Baumstämme. Die steilen Mauern führten uns, durch die Schneeregion, zu einem gegen den Gipfel gerichteten schmalen Grat, einem Felskamm, der es uns allein möglich machte vorzudringen; denn der Schnee war damals so weich, daß man fast nicht wagen konnte seine Oberfläche zu betreten. Der Kamm bestand aus sehr verwittertem, bröckligen Gestein. Es war oft zellig, wie ein basaltartiger Mandelstein.

Der Pfad wurde immer schmaler und steiler. Die Eingeborenen verließen uns alle bis auf einen in der Höhe von 15 600 Fuß. Alle Bitten und Drohungen waren vergeblich. Die Indianer behaupteten von Atemlosigkeit mehr als wir zu leiden. Wir blieben allein: Bonpland; unser liebenswürdiger Freund, der jüngere Sohn des Marques de Selvalegre, Carlos Montufar, der in dem späteren Freiheitskampfe (auf General Morillos Befehl) erschossen wurde; ein Mestize aus dem nahen Dorfe San Juan und ich. Wir gelangten mit großer Anstrengung und Geduld höher als wir hoffen durften, da wir meist ganz in Nebel gehüllt blieben. Der Felskamm (im Spanischen sehr bedeutsam Cuchilla, gleichsam Messerrükken, genannt) hatte oft nur die Breite von acht bis zehn Zoll. Zur Linken war der Absturz mit Schnee bedeckt, dessen Oberfläche durch Frost wie verglast erschien. Die dünneisige Spiegelfläche hatte gegen 30° Neigung. Zur Rechten senkte sich unser Blick schaurig in einen achthundert oder tausend Fuß tiefen Abgrund, aus dem schneelose Felsmassen senkrecht hervorragten. Wir hielten den Körper immer mehr nach dieser Seite hin geneigt; denn der Absturz zur

Linken schien noch gefahrdrohender, weil sich dort keine Gelegenheit darbot sich mit den Händen an zackig vorstehendem Gesteine festzuhalten, und weil dazu die dünne Eisrinde nicht vor dem Untersinken im lockeren Schnee sicherte. Nur ganz leichte, poröse Dolerit-Stücke konnten wir auf dieser Eisrinde herabrollen lassen. Die geneigte Schneefläche war so ausgedehnt, daß wir die Steine früher aus dem Gesichte verloren, als sie zur Ruhe kamen.

Der Mangel an Schnee sowohl auf dem Grat, der uns leitete, als auf den Felsen zu unserer Rechten gegen Osten kann weniger der Steilheit der Gesteinmassen und dem Windstoße als offenen Klüften zuzuschreiben sein, welche die warme Luft der tieferen Erdschichten aushauchen. Bald fanden wir das weitere Steigen dadurch schwieriger, daß die Bröcklichkeit des Gesteins beträchtlich zunahm. An einzelnen sehr steilen Staffeln mußte man die Hände und Füße zugleich anwenden, wie dies bei allen Alpenreisen so gewöhnlich ist. Da das Gestein sehr scharfkantig war, so wurden wir, besonders an den Händen, schmerzhaft verletzt. In noch höherem Maße haben wir, Leopold von Buch und ich, nahe dem Krater des obsidianreichen Pics von Teneriffa von diesen Verletzungen gelitten. Ich hatte dazu (wenn es anders einem Reisenden erlaubt ist so unwichtige Einzelheiten zu erwähnen) seit mehreren Wochen eine Wunde am Fuße, welche durch die Anhäufung der Niguas (Pulex penetrans) veranlaßt und durch seinen Staub von Bimsstein, bei Messungen im Llano de Tapia, sehr vermehrt worden war. Der geringe Zusammenhang des Gesteins auf dem Kamm machte nun größere Vorsicht nötig, da viele Massen, welche wir für anstehend hielten, lose in Sand gehüllt lagen. Wir schritten hintereinander und um so langsamer fort, als man die Stellen prüfen mußte, die unsicher schienen. Glücklicherweise war der Versuch den Gipfel des Chimborazo zu erreichen die letzte unserer Bergreisen in

Südamerika, daher die früher gesammelten Erfahrungen uns leiten und mehr Zuversicht auf unsere Kräfte geben konnten. Es ist ein eigener Charakter aller Exkursionen in der Andeskette, daß oberhalb der ewigen Schneegrenze weiße Menschen sich dort in den bedenklichsten Lagen stets ohne Führer, ja ohne alle Kenntnis der Örtlichkeit befinden. Man ist hier überall zuerst.

[...]

Nach einer Stunde vorsichtigen Klimmens wurde der Felskamm weniger steil, aber leider! blieb der Nebel gleich dick. Wir fingen nun nach und nach an alle an großer Übelkeit zu leiden. Der Drang zum Erbrechen war mit etwas Schwindel verbunden, und weit lästiger als die Schwierigkeit zu atmen. Ein farbiger Mensch (Mestize aus San Juan) hatte uns bloß aus Gutmütigkeit, keineswegs aber in eigennütziger Absicht, nicht verlassen wollen. Es war ein kräftiger, armer Landmann, der mehr litt als wir. Wir bluteten aus dem Zahnfleisch und aus den Lippen. Die Bindehaut (tunica conjunctiva) der Augen war bei allen ebenfalls mit Blut unterlaufen. Diese Symptome der Extravasate in den Augen, des Blutausschwitzens am Zahnfleisch und an den Lippen hatten für uns nichts beunruhigendes, da wir aus mehrmaliger früherer Erfahrung damit bekannt waren. In Europa hat Herr Zumstein schon auf einer weit geringeren Höhe am Monte Rosa zu bluten angefangen. Spanische Krieger kamen bei Eroberung der Äquinoktial-Region von Amerika (während der Conquista) nicht über die untere Grenze des ewigen Schnees, also wenig über die Höhe des Montblanc hinaus; und doch spricht schon Acosta in seiner Historia natural de las Indias, einer Art physischer Erdbeschreibung, die man ein Meisterwerk des sechzehnten Jahrhunderts nennen kann, umständlich von »Üblichkeiten und Magenkrampf« als schmerzhaften Symptomen der Bergkrankheit, welche darin der Seekrankheit analog ist.

[...]

Die Nebelschichten, welche uns hinderten entfernte Gegenstände zu sehen, schienen plötzlich, trotz der totalen Windstille, vielleicht durch elektrische Prozesse, zu zerreißen. Wir erkannten einmal wieder, und zwar ganz nahe, den domförmigen Gipfel des Chimborazo. Es war ein ernster, großartiger Anblick. Die Hoffnung, diesen ersehnten Gipfel zu erreichen, belebte unsere Kräfte aufs neue. Der Felskamm, welcher nur hier und da mit dünnen Schneeflocken bedeckt war, wurde etwas breiter; wir eilten sicheren Schrittes vorwärts, als auf einmal eine Art Talschlucht von etwa 400 Fuß Tiefe und 60 Fuß Durchmesser unserem Unternehmen eine unübersteigliche Grenze setzte. Wir sahen deutlich jenseits des Abgrundes unsern Felskamm in derselben Richtung fortsetzen; doch zweifle ich, daß er bis zum Gipfel selbst führt. Die Kluft war nicht zu umgehen. Am Autisana konnte freilich Herr Bonpland nach einer sehr kalten Nacht eine beträchtliche Strecke des ihn tragenden Schnees durchlaufen. Hier war der Versuch nicht zu wagen, wegen Lockerheit der Masse; auch machte die Form des Absturzes das Herabklimmen unmöglich. Es war 1 Uhr mittags.

[...]

Wir blieben kurze Zeit in dieser traurigen Einöde, bald wieder ganz in Nebel gehüllt. Die feuchte Luft war dabei unbewegt. Keine bestimmte Richtung war in den einzelnen Gruppen dichterer Dunstbläschen zu bemerken; daher ich nicht sagen kann, ob auf dieser Höhe, wie so oft auf dem Pic von Teneriffa, der dem tropischen Passat entgegengesetzte Westwind wehet. Wir sahen nicht mehr den Gipfel des Chimborazo, keinen der benachbarten Schneeberge, noch weniger die Hochebene von Quito. Wir waren wie in einem Luftballon isoliert. Nur einige Steinflechten waren uns bis über die Grenze des ewigen Schnees gefolgt.

[...]

Da das Wetter immer trüber und trüber wurde, so eilten wir auf demselben Felsgrate herab, der unser Aufsteigen begünstigt hatte. Vorsicht war indes wegen Unsicherheit des Trittes noch mehr nötig als im Heraufklimmen. Wir hielten uns nur so lange auf, als wir brauchten, Fragmente der Gebirgsart zu sammeln. Wir sahen voraus, daß man uns in Europa oft um »ein kleines Stück vom Chimborazo« ansprechen würde. Damals war noch keine Gebirgsart in irgendeinem Teile von Südamerika benannt worden; man nannte Granit das Gestein aller hohen Gipfel der Andes. Als wir ungefähr in 17 400 Fuß Höhe waren, fing es an heftig zu hageln. Es waren undurchsichtige, milchweiße Hagelkörner mit konzentrischen Lagen. Einige schienen durch Rotation beträchtlich abgeplattet. Zwanzig Minuten, ehe wir die untere Grenze des ewigen Schnees erreichten, wurde der Hagel durch Schnee ersetzt. Die Flocken waren so dicht, daß der Schnee bald viele Zoll tief den Felskamm bedeckte. Wir wären gewiß in große Gefahr gekommen, hätte uns der Schnee auf 18 000 Fuß Höhe überrascht. Um zwei Uhr und einige Minuten erreichten wir den Punkt, wo unsere Maultiere standen. Die zurückgebliebenen Eingebornen waren mehr als nötig um uns besorgt gewesen.

Der Teil unserer Expedition oberhalb des ewigen Schnees hatte nur 3½ Stunden gedauert, während welcher wir, trotz der Luftverdünnung, nie durch Niedersitzen uns auszuruhen brauchten.

[...]

Wir nahmen unseren Rückweg nach dem Dorfe Calpi etwas nördlicher als die Llanos de Sisgun, durch den pflanzenreichen Paramo de Pungupala. Schon um fünf Uhr abends waren wir wieder bei dem freundlichen Pfarrer von Calpi.

Tagebücher

Europäische Kolonien: »Eine unmoralische Idee«
Guayaquil (Ekuador), 4. Januar - 17. Februar 1803

[Übers.:] Einem *feinfühligen* Menschen können die europäischen Kolonien nicht angenehm für dauernden Aufenthalt sein. Ein sensibler Mensch wird dort mehr erdulden als ein gebildeter. Letzterer wird die Verbindung mit Europa herstellen, er wird über Bücher, Instrumente verfügen; das nämliche Interesse, das die Tropennatur einflößt, wird ihn den Mangel an Pflege der Wissenschaft in [West-]Indien vergessen lassen. Es wird leicht sein, Aufklärung in den Kolonien zu verbreiten, aber es wird nicht leicht sein, die Menschen dort in milde, liebenswürdige, soziale Wesen umzuwandeln... Woher kommt dieser Mangel an Moral, woher diese Leiden, dieses Unbehagen, dem jeder empfindsame Mensch in den europäischen Kolonien ausgesetzt ist? Das rührt daher, daß die Idee der Kolonie selbst eine unmoralische Idee ist, diese Idee eines Landes, das einem andern zu Abgaben verpflichtet ist, eines Landes, in dem man nur zu einem bestimmten Grad an Wohlstand gelangen soll, in welchem der Gewerbefleiß, die Aufklärung sich nur bis zu einem bestimmten Punkt ausbreiten dürfen. Denn jenseits dieser Grenze würde das Mutterland nach eingebürgerten Vorstellungen weniger gewinnen, jenseits dieser Mittelmäßigkeit würde sich eine zu starke, wirtschaftlich zu selbständige Kolonie unabhängig machen. Jede Kolonialregierung ist eine Regierung des Mißtrauens. Man verteilt die Autorität dort nicht so, wie es die öffentliche Wohlfahrt der Einwohner erfordert, sondern entsprechend dem Argwohn, daß diese Autorität sich vereinigen, daß sie sich zu sehr um das Wohl der Kolonie bemühen und den Interessen des Mutterlandes gefährlich werden könnte. Je größer die Kolonien sind, je konsequenter die europäischen Regierungen in ihrer politischen Bosheit sind, um so stärker muß sich die Unmoral der Kolonien vermehren. Man sucht seine Sicherheit in der Uneinigkeit, man trennt die Kasten, man schürt ihren Haß und ihre Streitigkeiten, man beklagt [heuchlerisch] ihren gegenseitigen Haß, man verbietet ihnen, sich durch Heiraten zu verbinden, man fördert die Sklaverei, weil die Regierung eines Tages, wenn alle anderen Mittel versagen, zu dem grausamsten von allen Zuflucht nehmen kann, nämlich die Sklaven gegen ihre Herren zu bewaffnen, diese [die Herren] erwürgen zu lassen, bevor man selbst erwürgt wird, was doch immer das Ende dieser schrecklichen Tragödie sein wird. Man vergibt Ämter nur an Emporkömmlinge und gemeine Menschen, die der Hunger aus Europa vertrieben hat, man erlaubt diesen, die in den Kolonien Geborenen geringschätzig zu behandeln, man schickt Leute, die den Kreolen das Blut aussaugen; und diese Leute sprechen unaufhörlich von den Besitztümern, die sie im Stich gelassen haben, um in einem Land seßhaft zu werden, in dem ihnen alles mißfällt, wo der Himmel nicht blau ist, wo das Fleisch nicht schmackhaft ist, wo alles verächtlich ist; und dennoch verlassen sie es nicht. Die europäischen Beamten von niedriger Herkunft, die aber durch den Mißbrauch, den sie mit der ihnen anvertrauten Autorität getrieben haben, reich geworden sind, prahlen mit ihren Stellungen. Daher streben die Kreolen ihrerseits nach Ordenskreuzen und Titeln, durch die das Mutterland ihrer Eitelkeit schmeichelt, wobei es sie sanft zur Ader läßt. Die gleiche Reaktion bringt einen tödlichen Haß zwischen dem Europäer und dem Kreolen hervor; der Sohn verabscheut den Vater. In dem Maße, in dem der Haß auf das Mutterland zunimmt, wächst die Liebe zum Geburtsland. Man ist bemüht, sich von allem falsche Vorstellungen zu machen. Man hält Caracas und Lima für kultivierter als Madrid, man liebt die Spanien feindlich gesinnten Nationen, man wünscht nichts brennender als London oder Paris zu sehen, und, eingebildet auf die Größe des väterlichen Hauses und die Achtung, mit der sich die Aristokratie in Amerika Geltung verschafft, fühlt man sich [dort] herabgesetzt, zu wenig geehrt und kehrt in ein Land zurück, wo man behauptet, in Freiheit leben zu können, weil man dort seine Sklaven straflos mißhandeln und die Weißen beleidigen kann, wenn sie arm sind. Die europäischen Regierungen haben so viel Erfolg in der Verbreitung des Hasses und der Uneinigkeit in den Kolonien erzielt, daß man in diesen die Freuden des geselligen Lebens kaum kennt; wenigstens ist jede dauerhafte Geselligkeit unmöglich, zu der viele Familien zusammenkommen müssen. Aus dieser Lage entsteht eine Verwirrung von Ideen und unbegreiflichen Meinungen, eine allgemeine revolutionäre Tendenz. Aber dieser Wunsch beschränkt sich darauf, die Europäer zu vertreiben und sich danach gegenseitig zu bekriegen. –

Ein aufgeklärter Bischof, der von Trujillo, mit dem ich über die Ursachen der Unmoral in den Kolonien sprach, sagte mir in einem sehr entschiedenen Ton: es ist so schwierig für einen Europäer, in diesen Breiten ein anständiger Mensch zu bleiben, wo die Straflosigkeit bis in den Klerus hinein herrscht, daß ich Gott täglich bitte, mich nicht hier sterben zu lassen, denn ohne Zweifel werde ich verdammt sein.

Je größer die Kolonien und je erheblicher die Mißstände sind, desto stärker vermehrt sich das Mißtrauen der Regierung. Deswegen wären die Inseln zum Wohnen geeigneter als die großen Kolonien des Kontinents; die weißen Familien hassen sich dort weniger, sie wechseln dort öfter, ziehen sich nach Europa zurück; der Haß ist dort weniger alt, es gibt weniger Beamte; aber es gibt dort einen anderen Schrekken, der die Inseln viel weniger bewohnbar macht als die übrigen Kolonien, das sind die Schwarzen, die nirgends zahlreicher sind und mehr mißhandelt werden. Nirgends muß sich ein Europäer mehr schämen ein solcher zu sein, als auf den Inseln, seien es französische, seien es englische, seien es dänische, seien es spanische. Sich darüber streiten, welche Nation die Schwarzen mit mehr Humanität behandelt, heißt, sich über das Wort Humanität lustig machen und fragen, ob es angenehmer ist, sich den Bauch aufschlitzen zu lassen oder geschunden zu werden, heißt fragen, ob die Spanier mehr Grausamkeiten in Peru als in Venezuela verübt haben, ob die Spanier mehr Grausamkeiten in Amerika als die Engländer und die Franzosen in Ostindien verübt haben!! Die Urheber der ersten französischen Verfassung haben bestimmt nicht in den Grundsätzen geirrt, obgleich sie diese oft in gefahrbringender Weise und mit Überstürzung angewendet haben. Sie schafften den Namen »Kolonie« ab, sie betrachteten ihre entfernten Besitzungen als integrierende Bestandteile der Republik, sie gaben ihnen ein gleiches Recht auf Glück, auf eine Regierung. Sie hätten besser daran getan, kleine vereinigte und von Frankreich abhängige Republiken daraus zu machen. Was hat England im Handel mit Nord-Amerika seit der Unabhängigkeitserklärung verloren? Dieses gleiche Nord-Amerika ist vor seiner Revolution viel besser zu bewohnen gewesen, die Familien waren dort weniger uneinig, die Kolonie war daher viel leichter zu revolutionieren, weil England ihr schon viele Rechte abgetreten hatte, weil man sich schon einer Art Provinzialregierung erfreute, die geeignet war, die Geister zu einigen und die Menschen liebenswürdig und großmütig zu machen, so wie wir sie in dieser großen, im Werden befindlichen Republik sehen.

Man fordert sogar eine Art Straflosigkeit für die Chapetones in den Kolonien. Es ist nicht nur eine Meinung des niederen Volkes, daß die Chapetones nicht gehängt werden können, sondern ich weiß, daß ein Rechtsanwalt diese These bei einer Gerichtsverhandlung verteidigt hat, obwohl niemals ein solches Gesetz existiert hat, um einen Mörder zu retten, der vier bis fünf Menschen getötet hatte. Der allgemeinen, unter dem europäischen Gesindel verbreiteten Meinung liegt zugrunde, daß die europäischen Richter meistens die Mörder schützen, wenn sie ihre Landsleute sind.*

[Dazu aus einer Randnotiz Humboldts in deutscher Sprache:]

* Der ärmste Gachupín ist ein Herr.

An Bord der Fregatte »El Pizarro«, 15. Juli 1799

Am Ende der von Juni bis Juli 1799 dauernden Überfahrt Humboldts von La Coruña (Spanien) nach Cumaná (Venezuela) brach auf dem Schiff eine Fieberseuche aus.

Der heutige Morgen und gestrige Abend sehr traurig. Ein alter Matrose, den man unvorsichtigerweise krank embarquirt hatte, brachte ein Fieber in das Schif, das wenigstens epidemisch wurde, wenn es nicht schon epidemisch war. Fürchterlich verdorbene Luft, Mangel an Ausleerung zur rechten Zeit durch Brechen, Aderlasse, Purganzen, gar keine China (sie fehlte an Bord), die größte Gleichgültigkeit eines dikken Chirurgus, der den ganzen Tag die Hände auf dem Bauch en fond de Cale saß, die strafbarste Gleichgültigkeit des Cap[itän], der aus 25-jäh[r]iger Erfahrung versicherte, auf den Courierschiffen sei man nie krank – alles dies beförderte die Ausbreitung und Verschlimmerung des Fiebers. Es war continuirlich und äußerte sich schon in 12 Stunden mit Raserei. Dem alten Matrosen wurde im Sterben vor etwa 8 Tagen das Abendmal gereicht. Nachdem er seinen Tod in einer sargartigen Lage (er hing so nahe am Balken, daß sein Gesicht nicht 5-8 Zoll davon abstand und in der heißen Zone!) erwartet hatte, bereitete man ihm, weil nun das geist[liche] Schauspiel angehen sollte, ein neues prächtig ausstaffirtes Gemach zu. Im vorderen luftigeren Schifsraum spannte man mit farbigen Segeln eine Art Zelt. Selbst der Boden war mit Linnen bedekt. Hierher wurde der Kranke gebracht. Der Commissär legte seine Uniform an und mit langen Lichtern hielten wir eine Procession, um den Capellan, der dem Sterbenden das Abendmal gab, zu begleiten.

Man fragte ihn hunderterlei Dinge, die er glauben müsse, wir antworteten statt seiner. Diese Ceremonie rettete wahrscheinlich dem Matrosen das Leben. Er athmete kühlere, reinere Luft. Er genaß von Tage zu Tage und rührend war es mir, als er bleichen Antlizes und mit langem Barte am 13ten Morgens den Kopf auf das Verdek herausstrekte, um auch die I[nsel] Tabago zu sehen und wie er sagte, Gott zu danken, daß er noch einmal Land (und sezte er hinzu), ein so schönes grünes Land sehe.

Santa Cruz auf Teneriffa (Kanarische Inseln), 19. Juni 1799

Nach der Landung in Santa Cruz gibt Humboldt seine ersten Eindrücke von der Insel Teneriffa wieder.

Die erste Idee, welche in uns und in jedem Ankommenden in S[anta] Cruz erregt wird, ist eine Obscönität. Morose Reisende könnte die Scene zu Betrachtungen über die Sittenverderbniß ... führen. Ernsthafte Beobachter aber versichern, daß diese Sittenverderbniß hier nicht größer als in jedem europäischen Hafen ist. Nur die Methode ist verschieden und da das Bedürfniß vom Cap kommender Matrosen sehr groß ist, so wird die Befriedigung auch deutlicher und lauter angeboten. Seit undenklichen Zeiten herrscht nemlich die Sitte in S[anta] Cruz, daß unter den Freudenmädchen (der Ausdruk ist in der That zu ästhetisch für eine so schmuzige und widrige Menschenklasse) die ältesten und verschlagensten eine Art direction über die übrigen behaupten. Da alle eine Art Corps bilden, das gleichsam zum Seedienst bestimmt ist, so nennen diese ältesten sich die Capitana der übrigen. Eine oder zwei derselben präsentiren sich am Ufer sogleich dem ankommenden Seeofficier, sie entwikkeln sehr beredt, wie sie laut ihrer Würde alle Unordnungen, welche trunkene Matrosen erregen, können verhüten. Sie bitten um Erlaubniß, ihre Gesellschaft zur Erlustigung der Matrosen selbst an Bord zu führen oder wenigstens einige der lezteren abzuholen. In der That üben diese Geschöpfe eine Art Polizei aus, welche den Schifscapit[änen]oft nützlich wird.

»Justiz im Generalkapitanat Caracas«
Cumaná (Venezuela), Herbst 1799

Die folgenden Ausführungen über die »Justiz« im Generalkapitanat Caracas stehen in keinem unmittelbaren Zusammenhang mit dem Kontext.

Justiz

Eins der größten, wo nicht das größte Uebel des span[ischen] Amerikas. Es ist weltkundig, daß niemand seines Besizes sicher ist, wenn ein reicherer Geld und Zeit anwenden will, das Gut zu entziehen. Kann er nicht unmittelbar den Zwek erlangen, so erregt er wenigstens einen kostspieligen Prozeß, der den ärmeren Gegner an den Bettelstab bringt. Hauptunglük ist Menge der Advokaten, und da Creolen von allen anderen Aemtern ausgeschlossen sind, so strebt Eitelkeit aller Familien darnach, in den Söhnen Advokaten, Doctores zu sehen. Daher Prozeßsucht, Feilheit,

Untreue, und Sittenverderbniß. Das Gouvern[ement] hat in Caraccas, wo Uebel fast am größten, verordnet, daß kein neuer Advokat aufgenommen werden soll, bis ein alter ausstirbt. Man hatte ex rivis ausscheiden müssen. Und was ist Zahl der Advokaten, in Betracht der Winkeljuristen, welche im Geheim empapelan. Audienzien – alles, alles feil. Criminaljustiz fürchterlich, weil ex officio nichts dabei zu gewinnen, daher alle Gefängnisse voll. Menschen, die gemordet, werden 7-11 Jahr nachher gehängt! Andere, die Festungsbau auf 2-3 Jahr verdienen, schmachten 12-14 J[ahre] im Kerker oder treiben Straßenbau, haben abgebüßt bis die eigentliche Strafe erst angeht. Dazu Nachlässigkeit; in Caraccas saß ein Mensch im Kerker, der durch Sentenz unschuldig erklärt ward, aber 1 Jahr lang ward Sentenz nicht publicirt. Meisten Mörder entspringen. Daher jezt Reisen so unsicher. Ehe audienzia nach Caracas kam, weniger Räuber und Mörder factisch, weil Tenientes und Governadores Art summarischen Prozeß führten und schnelle, rasche Justiz trieben. Allerdings mochte Sache zu willkührlich zugehen, dagegen ist nun langsame, feile Audienzia angelangt und nun ist Justizpflege fast suspendirt. Größte Grausamkeit, Willkührlichkeit der Justiz hat sich in Revolutionsgeschichte in Caraccas gezeigt. Man hat auf kleinsten Verdacht Hausväter aus ihrer Familie entrissen, in Kerker geworfen, besonders reiche, um Geld zu ziehen, sie endlich unschuldig erklärt, und dies werden patriotische Bürger. Dazu braucht Audienz sich nicht zu schämen. Denn hier ist keine öffentliche Opinion. Niemand spricht, fühlt eine Ungerechtigkeit! – Eine andere Abscheulichkeit ist die Hinrichtung. Nirgends ordentliche Henker, oft aus Mangel nicht gerichtet, obgleich Sentenz schon gesprochen ist. Man verspricht dann einem der Mörder Straflosigkeit, wenn er den Henker spielen und seine Cameraden hängen will. Man hat Beispiele, daß man es vielen anbietet, die nicht wollen, daß einer will und nachmals vor seiner eigenen Unmoralität sich entsezt, und wenn er das erste mal den Scharfrichter spielen soll, sich weigert und sich lieber selbst hängen läßt. So schenkt der Staat den Verruchtesten Straflosigkeit! Den Neuling lehrt Nachts der alguacil major, der Auditor ... das hängen. Wie werden die Verbrecher nicht gemartert! In Cumaná ist der Sklave, der auf der Isla Caraccas s[einen] Herren totschlug, der ungestrafte Henker.

»Die Mörderin Lemus«
Auf dem Weg von Buga nach Popayán (Kolumbien), 27. Oktober bis 9. November 1801

Die folgenden Bemerkungen sind eine nachträgliche Randnotiz, unmittelbar vor der Schilderung des Aufenthalts in Popayán niedergeschrieben.

Auf dem Wege von Buga nach Popayán, nördlich vom Río Palo, sahen wir mit Schaudern den Landsitz García, wo die Mörderin Lemus wohnt, ein Weib aus der vornehmen Familie Arboleda zu Popayán, welche mit ihrem ersten Manne und 2 Negern einen ihnen gehäßigen Europäer, Grespin, in Popayán, totschlug. Die Audienzia von Quito verurtheilte alle zum Strang, aber die Sentenz ward bloß an den Sklaven vollzogen, deren Köpfe man in Popayán im Gitter sieht. Die mächtige Familie verbarg die Frau, man hing sie in effigie, und sie hat die Frechheit, da sie alles vergessen glaubt, sich wieder zu verheirathen und und 2 Tagereisen vom Ort, wo sie gemordet, öffentlich zu leben! Als der Bischof v[on] Popayán Dispense zur neuen Heirath ertheilte, rief er mit Recht aus, daß es so verruchte Männer gebe, sich mit einer Mörderin zu verheirathen. Aber da die Kirche Stillschweigen gebietet und das eheliche Sakrament befördert, so mußte Bischof die Ehe zulassen. So groß ist in entlegenen

Ländern der Einfluß einzelner Familien, denen nichts unmöglich ist, um Verbrechen zu beschönigen!!

»Ein ungerechter Prozeß«
Lima (Peru), 23. Oktober-24. Dezember 1802

Die nachstehenden Aufzeichnungen machte sich Humboldt beim Studium der ihm in der Audiencia in Lima zur Einsichtnahme überlassenen Akten.

[Übers.:] *Peru*

Der Vizekönig Castelfuerte machte dem Rat Antequera einen ungerechten Prozeß. Er ließ ihn, auf ein schlechtes Maultier gebunden, von Paraguay nach Lima kommen, weil er zu sehr mit der Partei der Jesuiten sympathisiert hatte. Er klagte ihn falsch an, er habe in Paraguay Unruhe stiften wollen. Er bereute dies später und sah, daß nur zwei Auswege zu ergreifen waren: entweder den Angeklagten entkommen zu lassen, damit sein Prozeß nicht zu Ende geführt werden könnte, oder ihn aufzuhängen. Er gab dem Rat die Erlaubnis, in der Stadt spazierenzugehen, aber als er sah, daß der Angeklagte nicht entlief, ließ er ihn aus eigener Macht hängen. Es gab einen großen Auflauf des Volkes, das sehr aufgebracht gegen den Vizekönig war. Die Franziskanermönche sagten dem Rat, er solle guten Mut haben. Der Vizekönig besaß die Grausamkeit, das Schauspiel seiner Rache genießen zu wollen. Er setzte sich aufs Pferd und erschien auf dem Platz. Kaum sahen die Mönche ihn, als sie glauben machten, dies geschehe, um eine Begnadigung auszusprechen. Sie schrien aus Leibeskräften: »Pardon, Pardon ...«. Das Volk wollte bei diesen Worten den Rat dem Henker entreißen. Der Vizekönig verlor die Fassung nicht und schrie den Soldaten, die geladene Gewehre hatten, zu: »Tötet die Mönche«. In der Tat drückten die Soldaten ab und töteten zwei Mönche, die durch ihre Frömmelei sehr bekannt waren. Der Henker, der sah, daß man die Mönche tötete, glaubte, keine Zeit verlieren zu dürfen und richtete den unglücklichen Antequera hin. Diese Geschichte ist sehr bemerkenswert in bezug auf den Nationalcharakter. Wer hätte nicht geglaubt, daß das Volk sich erheben würde beim Anblick des Falls der Idole seiner Gläubigkeit. Nichts von alledem. Man kann sich alles erlauben gegenüber diesem niederen Volk von Peru, vorausgesetzt, daß man mit Festigkeit auftritt und nicht schwankt. Das ist ein trauriges Beispiel, und unglücklicherweise hat die Nation in den 50 bis 60 Jahren, die seitdem vergangen sind, nicht an Kraft zugenommen.

»Die Wege der Indios«
Bogotá (Kolumbien), 7. Juli – 8. September 1801

Das Folgende ist eine in sich geschlossene Studie ohne direkten Zusammenhang mit den Aufzeichnungen aus Bogotá.

[Übers.:] *Weg*

Die Indios sind die einzigen Geographen von [West-]Indien. Durch das Begehen und Bahnen von Wegen bilden sie sich sehr klare Vorstellungen von der Lage und selbst von der Entfernung der Orte. Sie verstehen sogar sehr leicht Linien, die man auf den Boden zieht, wenn man Sorge trägt, sie in die richtige Stellung zu bringen in bezug auf Sonnenauf- und -untergang, den sie sehr genau beobachten. Sie benennen an 20 Caños [schmale Flüsse], die in einen Fluß münden, und haben ein wunderbares Gedächtnis für Geographie. Ich habe große Erleichterungen durch sie beim Zeichnen der Orinoko-Karte erfahren. Sie sind nicht mysteriös, wo sie die Tyrannei der Weißen nicht kennen. Das Mißtrauen und das Geheimnis sind am Casiquiare und am Tuamini unbekannt. Aber leider, welche Schwierigkeit, sich

Vorstellungen vom Namen und der Position von Orten in Ländern zu machen, wo die Indios durch den Verkehr mit den Spaniern entweder ausgerottet oder verwirrt (abgestumpft) sind.

Antagonismus
Cumaná (Venezuela), 27. August - 16. November 1800

Haß einer Provinz gegen die andere wie und ärger als in Spanien und, wie Haß der Kasten, Sicherheit des Gouvernements begründend. In Cumaná will man unabhängig von Caraccas sein, und schon in Barcellona schreit man, daß man in Cumaná bedrükt werde. Die Mantuanos von Cumaná hassen die von Barcellona wie die Welfen und Gibellinen. – Die Missionäre, eifersüchtig auf ihre Unabhängigkeit, hassen die Bischöfe und suchen, sich ihnen zu entziehen, worin sie meist von den Gouverneurs begünstigt werden. Die Bischöfe, alle Missionen und europ[äischen] Mönche tötlich hassend, meist selbst Creolen, suchen die Missionäre (weil diese mehr ihren europäischen Provincialen als den hieländischen Bischöfen unterworfen sind) zu verdrängen und die Missionen in Curatos zu verwandeln, um Verum Creolen als Curas anzustellen und ihre Jurisdiction wie die Zahl der Christen zu vermehren. Das Consejo meist die Missionen begünstigend, und hat Bischof einmal Einfluß gehabt und Order ausgewirkt, die uralten Missionen endlich einmal den Curas zu übergeben, so reist (Capucinos Aragoneses) der verschlagenste Mönch mit Commissionen nach Spanien, um solchen Befehl als erschlichen umzustoßen. So von Zeit zu Zeit das Ungewitter von Missionen abgewandt und die Indianer in 100-jähr[igen] Missionen in ewiger dem Staat unnüzer Kindheit erhalten.

»Mit Schaudern fuhren wir den Fels vorüber«
S. Antonio de Yavitá (Venezuela), 1.-4. Mai 1800

Humboldt hörte die Geschichte von einer auf der Suche nach ihren geraubten Kindern in den Tod getriebenen indianischen Mutter auf dem Wege zwischen S. Baltasar am Río Atabapo und Yavitá.

Auf Hälfte des Weges hörte ich von Piedra de la Guahiba erzählen. Ich hörte eine fürchterliche Erzählung. Der Mönch, unser Begleiter, erzählte ohne Schüchternheit mit Gelächter; so unverschämt unmoralisch dieses Mönchsgesindel! Man hatte auf einer entrada eine 40jährige Mutter Guahiba mit 3 Kindern (worunter 2 etwa 14jährige Knaben) geraubt. Der Vater war abwesend. Mutter und Kinder werden gebunden dem Priester, der vorsichtig 1-2 St[unden] am Ufer zurükbleibt, während seine Indianer oder Zamben Spiesgesellen den schändlichen Menschenraub vollführen, vorgeführt, um dem Priester, der den Eltern die Kinder raubt, ja allenfalls die Eltern (wie Hunde), wenn sie die Kinder vertheidigen, totschlagen läßt, zum Dank seiner Schandthat die Hand zu Küssen. Man schlepte die Gefangenen nach S. Fernando, weil sie von da aus den Weg nicht wußten nach ihrer Heimath. Aber das muthige Weib dachte auf nichts als auf Vereinigung mit dem Vater und den hinterlassenen Kindern. Sie entfloh allein, spähte den Weg nach der Heimath aus, besprach sich mit dem Vater und versuchte nun mehrmals, aber immer unglüklich (weil man sie erhaschte), ihre Kinder zurükzuführen. Troz aller Schläge verließ sie nie, nie ihr Projekt und versuchte von neuem. Der Präs[ident] von S. Fernando wollte daher Mutter und Kinder trennen und erste nach dem R[ío] Negro verpflanzen. Man führte dies unglükliche Weib den Temi aufwärts. Verzweiflungsvoll sprang sie vom Vordertheil des Schiffes in den Fluß. Der damals starke Strohm trieb sie mit Schnelligkeit abwärts und gegen den Fels, der als Steinbank vorspringt und jezt la Piedra dc la Guahiba heißt. Sie lief doch vom Schwimmen ermattet dem Gebüsch zu. Aber die Indianer hatten die Piragua auch umgelenkt und fingen sie. Der Padre Presidente ließ die unglükliche Mutter ein wenig zu sich selbst kommen und ihr dann auf der Piedra 40 Geißelhiebe (látigos mit ledernen Riemen) aufzählen. Das, König v[on] Span[ien], das sind deine Mönche, und es giebt eine Gottheit, die solchen Frevel ungeahndet läßt! Man bindet die Mutter mit vehuco, wirft sie in den unteren Raum des Schiffes und landet Abends in Javitá. Die Indianerin troz der Ermüdung bleibt ihrem Entschluß, die Kinder zu vereinigen, getreu, sie entspringt Nachts aus der Casa real und tritt zu Fuß durch den Wald den Weg nach S. Fernando an. Wo ist ein Beispiel ähnlichen weiblichen Mutes, ähnlicher mütterlicher Liebe. Das versteht nur der, welcher diese Undurchdringlichkeit der Wälder, diese Tigermenge, diese Schlangen am Atabapo kennt. Nie war ein Mensch zu Fuß von Javitá nach S. Fernando gelangt. Wie fand die unglükliche Mutter die Richtung durch des Waldes Dikkicht? Durch wie viele Caños mußte sie schwimmen? Nach 4 Tagen gelangte sie von Hunger ausgemergelt nach S. Fernando. Sie hatte von nichts als von Ameisen und Ameisennestern gelebt. Man ergriff sie von neuem und sandte sie in andere Mission, ohne weiter von ihrem Schiksal zu wissen. Diese Geschichte muß meiner Reisebeschreibung einverleibt werden. Vielleicht wird die Menschheit einst gerochen! Der Vorfall war 1797. Mit Schaudern fuhren wir den Fels vorüber.

Die Mönche, selbst andere Europäer, schildern den Indianer gern ohne kindliche Liebe und unempfindlich, genau wie die Insektensammler, welche versichern, daß die Käfer das Spießen nicht fühlen, um sie desto besser zu martern.

»Keine Hilfe, kein Mitleid, keine Klage«
Auf dem Orinoko an der Mündung des Río Apure (Venezuela), 6. April 1800

Am 4. April 1800 erreichte Humboldt die Einmündung des Río Apure in den Orinoko. Unter dem 6. April notiert er im Zusammenhang mit den Gefahren des Badens in den von Krokodilen bewohnten Flüssen seine Beobachtungen ihm typisch erscheinender Charakterzüge der Indios.

Wie der Mensch allem trozt! Wir baden uns jezt schon mitten unter Cariben, Sägen, Rajas und Crocodillen. Ein Indianer warnt immer den andern, und nach und nach baden wir uns alle. Die Badelust erfindet immer Gründe, warum gerade hier, des Ufers, Bodens, der Tageszeit ... wegen Crocodille nicht sich nähern. Ein wahres Hazardspiel, denn jährliche Beispiele beweisen, nach derselben Versicherung der Indianer, daß alle diese Gründe falsch sind. Auch werden besonders Indianer, ihrer Sorglosigkeit wegen, genug gefressen. Aber die Gefährten sind, wie bei allem Unglük der Mitreisenden, gleichgültig. Man sagt mit Recht: Quien va con Indio va solo. Man hat 100 Beispiele: Indianer sizen im Vordertheil des Schiffes. Einer fällt ins Wasser. Man könnte ihn retten, Segel einziehen. Nein! Keiner der Kameraden schreit, keiner spricht ein Wort... Der Steuermann sieht den Indianer schon weit hinter sich. Man macht den Indianern Vorwürfe. »Er kann schwimmen« und kann er das Schif nicht erreichen, nun so ersäuft er, so holt ihn Tixitixi (der Teufel). Ein eigener Charakterzug des Wilden (denn, was man als Eigenthümlichkeit des Amerikan[ischen] Indianers verschreit, gehört allen Menschen im Naturstande zu), dem lebenden Gefährten gefällig; keiner trinkt, ißt etwas allein, ohne nicht dem Gefährten mitzugeben; aber scheint der Gefährte dem Tode nahe (durch Tiger, Crocodill, vor Krankheit sterbend) nun, so ist er nicht mehr Glied dieser

Gesellschaft, er gehört dem Tixitixi, keine Hülfe, kein Mitleid, keine Klage?

»Der verlorene Weg«
Während der Überfahrt von Kuba nach Cartagena (Kolumbien), zwischen der Mündung des Río Sinú und Cartagena, März 1801

Der Contrast zwischen der Hastigkeit, dem Mühlradwesen der Europäer und der Gleichmuth des Indianers war mir am auffallendsten in Llano de Barcellona bei Caris. Wir hatten nach einer langen Tagereise, von Sonne und Staub gequält, den Weg verloren. Der Indianer, der als Wegweiser diente, kündigte uns dies selbst an. Er sezte hinzu, wir würden 6 Meilen vergeblich gemacht haben und müßten unter freiem Himmel übernachten. Ich ward sehr ungeduldig, that dem Indianer (ein Caribe, der gut spanisch sprach) tausend Fragen über den verlorenen Weg, er antwortete kein Wort, sah starr auf einen Baum hin, und als ich ausgewüthet, zeigte er mir (eben als sei gar nichts vorgefallen) eine fette Iguana, die von Zweig zu Zweig schlüpfte. Was liegt dem Indianer daran, oh er hier in der Savanna oder 40 Meilen davon, heute oder in 3 Monathen in seiner Hütte schlafe. Er lebt außer Zeit und Raum, und wir Europäer scheinen ihm unerträglich, unruhige, von Dämonen geplagte Wesen. –

Die Indios – »diese Sinnesschärfe«
Guayaquil (Ekuador), 4. Januar - 17. Februar 1803

[Übers.:] Der Mensch im Naturzustand kennt fast keine anderen Verbindungen als die mit demselben Stamm. In den Wäldern zerstreut, in sehr kleinen Horden lebend (Orinoko), kümmert er sich wenig um seinesgleichen. Seine Aufmerksamkeit ist ganz und gar auf die Objekte gerichtet, die die Natur ihm darbietet. Die Früchte der Palmen, die Sanguin-Affen, die Wildschweine, die Tapire, die Krokodile, die Boas, die sind seine Welt. Da er um seine Sicherheit in der physischen Welt besorgt ist, sind seine Sinne geschärfter, sie sind es in dem Maße als die Empfänglichkeit für die Eindrücke von außen ihn auf Gedankengänge im Innern führt, auf die Produktion von Ideen in ihm selbst. Der in Wäldern lebende Mensch ist der verläßlichste, der exakteste Beobachter der Natur. Er kennt die Zweige der Bäume seiner Wälder, die Affen Stück für Stück. Er sieht und beobachtet gleichzeitig die Schlangen, die sich im Gras schlängeln, und die Tigerkatze, die von Baum zu Baum springt. Dieser Instinkt der Naturbeobachtung, diese Sinnesschärfe erhält sich sogar bei den Indios, die in den Niederlassungen der Europäer leben und sich von den »Wilden« durch nichts als die Kraftlosigkeit, sich von einem Mönch regieren zu lassen, unterscheiden. Hier sehr sichere Fakten: in den Einöden zwischen Pisco und Arequipa, an der sandigen Küste Perus, wo kein Gesträuch den Weg anzeigt, verliert der Indio den Weg. Er führt den Reisenden zwei Stunden lang in einer Runde, wobei er sich jeden Augenblick bückt, um Sand aufzunehmen, den er an die Nase führt. Er zieht die Luft ein, sagt, daß man sich dem Wege nähere oder von ihm entferne, endlich findet er witternd heraus, daß man auf der großen Straße ist. Der Tag erscheint, und in der Tat sieht man Spuren von Menschen. –

Beim Pflanzensammeln haben wir Indios um den Namen von Bäumen befragt. Man findet so hoch gewachsene Stämme, daß man das Blattwerk nicht unterscheidet. Der Indio nimmt die Rinde in den Mund, kaut sie und sagt mit der größten Sicherheit, welcher Baum es ist. Ich kostete die gleiche Rinde, und bei 15 Bäumen fand ich keinen Geschmacksunterschied. Sie erschienen mir alle gleich geschmacklos.

Östlich von S. Fernando de Apure in der Provinz Varinas hatte ein Teniente eines Dorfes das Unglück, zuzusehen, wie sein Sohn von einem Krokodil gefressen wurde. Das Ungeheuer brachte wie gewöhnlich sein Opfer auf den Grund des Wassers, um es zu ertränken. Es erschien gar nicht wieder an der Oberfläche, um es zu fressen. Man weiß, daß es unter Wasser auf Grund des Baues seines Kehlkopfes, von dem wir Zeichnungen geliefert haben, nicht schlucken kann. Der Vater war daher sicher, daß der Sohn sich noch im Rachen des Krokodils befand. Der Gedanke, seinem Kind ein würdiges Begräbnis zu geben, schien ihm tröstlich. Aus einem sehr natürlichen Rachebedürfnis forderte er die Indios auf, das Scheusal zu suchen und zu töten. Wie aber das fragliche Krokodil finden? Der Vater beschrieb den Ort, wo das Ungetüm den Sohn ergriffen hatte, er beschrieb seine Länge. Der Fluß Apure unterhält Tausende von Krokodilen, unter welchen es bei einem Dorf zum Beispiel nur 8-10 große und sehr wilde gibt. Das sind diejenigen, die einmal Menschenfleisch gekostet haben. Die Indios fabulieren, daß sie sie beim Schlaf unter Wasser wiedererkennen, weil das grausame Krokodil den Schwanz nach links aufgerollt hat, das friedliche ihn ausstreckt. Die Indios hatten sofort einen Verdacht, welches das Krokodil sein könnte, das den Mord begangen hatte. Sie tauchten unter Wasser, um die Krokodile, die auf dem Flußboden schlafen, zu überprüfen. Sie kehren zum Vater zurück, um zu sagen, daß sie es gefunden haben, aber daß es das Kind nicht in seinem Rachen halte.

Sie tauchen wieder, es zu überraschen und mit einem Speerstich zu töten. Der Schlaf des Krokodils ist unter Wasser sehr tief. Sie sehen, daß das Ungeheuer das zerquetschte Kind unter der langen Schnauze hält, sie töten das Krokodil und ziehen den Leichnam hervor. –

In Cajamarca unterhielten wir uns im Palais des Atahualpa, ob einige Mauern aus Backsteinen aus der Zeit der Inkas oder der Konquistadoren seien, die sich nicht des gleichen Lehms bedienten und ihn andersartig mischten. Der alte Astorpilca kaute die zwei Backsteine und entschied nach dem Geschmack das, was aus der Zeit des Inka bzw. was ein Produkt unbekannter Herkunft war. –

Kulturzustand der Guahibos- und Macos-Indianer Maipures (Venezuela), 19.– 21. April 1800

Fast alle Indianer in Polygamie, ein Indianer oft 3 Weiber, Kinder mit allen, doch meist ein oder 2 Weiber mehr als Mägde. Große Einigkeit unter diesen Weibern! und gegenseitige Liebe für alle Kinder ohne Unterschied! Große Einigkeit unter allen Familien, ebenso in Missionen; wenn einer fischt, giebt er allen ab! Missionare leiden Polygamie. [...] Die Indianer vertheidigen Polygamie, man müsse ein Weib zum Wasserholen, eines zu Gassaue (Kassavabrot), eines zur Kinderpflege haben... Morgens, Mittags und Abends baden sich Mutter mit Kindern. Große Reinlichkeit und Ordnung in der Hütte.

Der Silberschatz
Montan (Peru), nach 5., vor 9. September 1802

Auf dem Weg vom Río Chamaya nach Hualgayoc, wo er während eines mehrtägigen Aufenthalts die Silberbergwerke besichtigte und begutachtete, kam Humboldt durch Montan. Dort hörte er die folgende Geschichte eines Indios aus Montan.

[Übers.:] In Montan lebt ein Indio, der einen Gang von massivem Silber kennt. Man hat ihn mit dem Meißel abgeschlagenes Silber verkaufen sehen. Derselbe Gang wurde vor 60 Jahren durch eine Indianerin einem Chapetón bekannt gemacht, der ihr den Hof machte. Der Chapetón, der einen Mönch in flagranti mit seiner Indianerin im Bett entdeckte, tötete ihn und wollte in Quito Mönch werden, was man ihm verweigerte. Man erlegte ihm als Strafe auf, zu Fuß nach Cajamarca zu gehen, um der Regierung diese reiche Fundgrube zu zeigen. Er gab sie einem gewissen Sánchez bekannt, der die Stelle in der Schlucht von Cuchipayacu ungenügend markierte, sie nicht wiederfinden konnte und diese Tatsache in seinem Testament verzeichnete. Es ist weder durch Gewalt noch durch Versprechungen möglich gewesen, dem Indio aus Montan das Geheimnis zu entlocken, der in großer Armut lebt, aber sich jedesmal aus der Affäre zieht, wenn er 3-400 Pesos schuldig ist. Er sagt, daß er sich rühren wolle, wenn er den Schatz entdecke, daß es ihm aber nicht erlaubt sei, mehr davon zu nehmen, als für das dringendste Bedürfnis nötig sei. Was für ein Glück hat dieser Indio, daß er nicht zur Zeit der Pizarros gelebt hat, die ihn am kleinen Feuer geröstet hätten, um ihm sein Geheimnis zu entreißen.

»Totenstille«
S. Carlos del Río Negro (Venezuela), 7.-10. Mai 1800

Wenn man wie wir 30 Tage lang auf dem Orinoco schift und so ewig nur sich selbst, nie ein freundlich begegnendes Schif, einen Menschen am Ufer sieht, dann fragt man sich, wem diese Welt diese Oedigkeit, diese Totenstille verdankt. Euch, ihr Europäer, die ihr den armen friedlichen Einwohnern (sie mit Schießgewehr schrekkend oder feig im Schlaf überfallend) Nächtlich die Kinder raubt, Euch, die ihr den Wilden vom Ufer verdrängt ... Und wäret ihr dadurch glüklich, daß andere darben. Aber nein! In einer Strekke von 200 Meilen habt ihr 15 Häuser gebaut, wenn man Lehmhütten Häuser nennen darf ... Der Wilde lebt jezt zurükgedrängt an den entfernten Flüssen, Armen, Caños, die von den großen Flüssen hier überall ab- und zugehen ... er kann sich nicht frei ausbreiten, communiciren – und in seiner meist erzwungenen Communikation mit Spaniern (und ebenso Holländern, Portugiesen, Franzosen, denn alle Europäer in dieser Zone sind gleich abscheulich) gewinnt er nichts.

»Die Peitsche tanzt auf ihrem Rücken«
Querétaro (Mexiko), 4.-5. August 1803

Auf dem Wege von Mexiko-Stadt nach Guanajuato zur Besichtigung der dortigen Bergwerke kam Humboldt durch Querétaro. Hier bekam er Einblick in die Tuch- und Tabakmanufakturen.

[Übers.:] Querétaro ist berühmt durch seine Manufakturen für grobe Tuche. Wir haben einige davon gesehen. Alles ist von höchster technischer Unvollkommenheit, besonders die Appretur und die Farbe. Aber das, was schaudern macht und wünschen, daß diese ganze Industrie nicht existierte, ist die schreckliche Behandlung, die man in diesen Manufakturen den unglücklichen Indios und anderen Farbigen, die dort arbeiten, angedeihen läßt. Die Fabriken erscheinen wie Gefängnisse. Ein Pförtner, der einem Kerkermeister ähnelt, öffnet die Tür, die [sonst] immer verschlossen bleibt. Nichts Schmutzigeres, nichts Stinkenderes, nichts Dunkleres, nichts Ungesunderes als diese Arbeitsräume. Große Haufen menschlicher Exkremente mitten auf dem Hof. Die Menschen alle nackt, mager, ausgezehrt. Man hält sie die ganze Woche eingesperrt, und man trennt sie von ihren Frauen. Die Peitsche tanzt auf ihren Rücken. Man fragt sich, wie das bei freien Menschen möglich ist. Die Lösung des Problems ist, daß sie nicht frei sind. Die Herren dieser Fabriken machen das, was man in Quito in den Werkstätten oder auf den Haciendas ganz Amerikas macht, wo es schwierig ist, Arbeitskräfte zu finden; sie schicken einige Wächter zu den armen Unglücklichen vor, die sie sogleich beim Trunk bezahlen. Schon wird der Schuldner abhängig vom Herrn, er ist Sklave, man läßt ihn arbeiten, damit er für seine Schuld bezahlt. Man bezahlt ihn nach einer Phantasierechnung oder mit Kleidungsstücken, auf die man 60 Prozent aufschlägt. Der Unglückliche arbeitet das ganze Jahr und wird niemals seiner Schuld ledig, fast wie die Indios der Haciendas, denen ihre Herren Rechnungen aufzumachen wissen, denen zufolge sie ihren Herren immer etwas schulden, obgleich sie ihr ganzes Leben arbeiten.

»Die Neger vom Congo«
Cumaná (Venezuela), Herbst 1800

Die Neger vom Congo sind die sanftesten und gebildetsten. Alle glauben, daß wenn sie sich in Amerika erhängen, kehren sie mit allem, was sie am Leibe haben, in ihr Vaterland zurük. In Tovars Hause haben sich 4 neuerkaufte so erhängt, und zum Beweis, daß es aus Aberglauben geschah (auch behandelt man sie ja *anfangs* so sanft) ziehen sie vor dem Erhängen alles an, was sie besizen, nehmen Sachen in die Hand, sagen ihren Landsleuten, daß sie zu Hause reisen...

Die Grabkammern des Chimú-Reiches
Trujillo (Peru), c. 23. September - 7. Oktober 1802

Während seines Aufenthaltes in Peru besichtigte Humboldt die Ruinenstadt Chanchán, die Hauptstadt des vorinkaischen Chimú-Reiches. Er besuchte einige der Grabkammern (huacas), die zum größten Teil unter pyramidenförmigen Hügeln, aber auch unter Wohnhäusern angelegt wurden.

[Übers.:] Garci Gutíerrez de Toledo hatte das Glück, daß ihm ein Indio (sein Kamerad), der ihn traurig sah und ohne Geld, eine Grabkammer zeigte, in der Toledo mehr als 1 Million Piaster in Gold fand. Der Indio kannte aus der Überlieferung den Eingang des Ganges, so daß man nur den Mauern zu folgen brauchte, um in die Kammer zu gelangen. Man sieht in den königlichen Kassenbüchern, daß Toledo 1576 58327 Castellanos de oro und 1592 27020 Castellanos in massivem Gold in Form von Tier-, Fischfiguren bezahlte... Man weiß, daß Toledo vielleicht nicht einmal die Hälfte des Fünften, den er dem König schuldete, bezahlte. Dieser Toledo verschwendete in Lima in wenigen Jahren all dieses Geld. Sein Kamerad hatte ihm gesagt, daß er noch eine bessere Grabkammer wüßte, die er »Großer Fisch« nannte, aber daß er sie ihm wegen der schlechten Bezahlung beim ersten Mal nicht zeigen würde. Diese »Grabkammer Toledos« und dieser »Große Fisch« (den man noch heute sucht) haben die unglücklichsten Folgen für den allgemeinen Arbeitseifer gehabt. Sie unterstützen die Torheit, Schätze zu suchen. Es gibt Leute, die in den Grabkammern alles ausgeben, was sie durch die Landwirtschaft und die Bergwerke verdienen, und dennoch hat man seit 200 Jahren nichts gefunden, was die Mühe lohnt. Gegenüber der Grabkammer des Toledo, in der wir gewesen sind, liegt ein anderer, sehr stattlicher Hügel, von dem man glaubt, er gehöre der Gemahlin des Chimú. Die Grabkammer ist noch unversehrt; auch sagt man, daß das Grab des Toledo noch nicht alle seine Schätze hergegeben hat. Man stellt sich nicht vor, wie kostspielig und gefährlich es ist, in einem Hügel zu arbeiten, dessen Sand rutscht, und dort Schätze zu suchen, die die Indios in einem Umkreis von 400 Toisen und in einer unbekannten Tiefe so gut zu verstecken gewußt haben. Man braucht sich auch nicht mehr zu wundern, daß die großen Schätze zu Anfang der Konquista entdeckt worden sind. Die Indios, die die europäische Falschheit weniger kannten, waren weniger geheimnistuerisch, weniger mißtrauisch, und die Erinnerung an die Örtlichkeit, wo man die Schätze verborgen hielt, war frischer. Trotz allem kann man nicht daran zweifeln, daß ihnen einige Kenntnisse verblieben sind. In Mansiche lebt noch die Familie des Kaziken Chayhuac Casamusa, eines legitimen Nachfolgers des Königs Chimú-Cauchu (der König, den der Inka tributpflichtig machte) und Verwandter des Inkafürsten Yupanqui, der eine Tochter des Chimú heiratete. Dieser Kazike verkauft alle Jahre Goldblech, das er aus den Grabkammern holt, doch sein Aberglaube hindert ihn daran, sich darüber hinaus zu bereichern, da ihm weder erlaubt ist, das Geheimnis zu enthüllen, noch von dem Schatz Gebrauch zu machen außer im Fall äußerster Not, in dem er nur so viel nehmen darf, wie erforderlich ist, um sich aus der Affäre zu ziehen.

»Sie ketteten die Indianer zusammen«
Kloster Caripe (Venezuela), 17.-22. September 1799

Humboldt notierte in der Klosterbibliothek in Caripe Feijóos die folgenden Auszüge zur Kolonialgeschichte Südamerikas, die er für seine Reiseschilderung zu verwerten gedachte.

An den Küsten von Cumaná, Caraccas und Venezuela steht noch jezt der Name der deutschen Nazion in fürchterlichem Angedenken. Alfinger und Bartholomaeus Sailer sind die schändlichen Menschen, welche jenen Namen durch ihre Unthaten gebrandmarkt. Die Augsburger Kaufleute Welser, welche Karl V. große Summen vorgeschossen, erhielten die Erlaubniß, eine Expedition nach Venezuela zu machen, um dort die berufenen Schäze zu heben, besonders ein ganz goldenes Haus zu suchen. 400 Mann zu Fuß, 80 Reiter landeten mit 3 Schiffen, Alfinger commandirte das Heer. Sie ketteten die Indianer zusammen, um sich Speise nachtragen zu lassen, die, welche unter der Last erlagen, wurden niedergemezt. Alfinger und Sailer kamen beide in der Expedition nach dem goldenen Hause um.

»Billard des Inkas«
Cañar (Ekuador), 3. Juli 1802

Beim Besuch der »Inkafestung« Cañar, nördlich von Cuenca, sah Humboldt am Hang des Berges eine steinerne Sitzbank, die mit arabeskenähnlichem Zierrat versehen war, in dem man, wie angenommen wurde, einst eine Kugel hatte laufen lassen. Die Bank trug den Namen »Ynga-chungana« (Spiel des Inka, auch »Billard des Inkas« genannt). Von diesem Sitz aus konnte man auf einen Pfad blicken, der zu einer Felsspalte führte. Humboldt stellte sich einen geschickten

Läufer vor, der zur Zerstreuung des Inkafürsten auf diesem Weg hart am Abgrund entlang lief. Außerdem erfuhr Humboldt von einer am Ort entstandenen Legende.

[Übers.:] Die europäische Habgier hat sich dies alles auf eine ganz andere Art erklärt. Man hat uns erzählt, daß der Inka auf die Nachricht vom Eintreffen der Spanier seine Schätze im Innern dieses Hügels verbergen ließ, daß der Pfad dazu diente, dorthin zu gelangen, daß man den Stollen wieder verschloß ... daß man am Anfang der Conquista dort nachgrub, daß man in der Tat einen Gang fand und weiter vorn eine Tür, vor der sich ein Kind mit der [schwarzkupfernen] Kopfbinde der Inkaherrscher befand. »Was stört ihr«, sagte das Kind, »die Ruhe meiner Vorfahren; nachdem ihr das, was sie auf der Oberfläche der Erde besaßen, gestohlen habt, kommt ihr ruchlosen Fremden noch, um das herauszuwühlen, was unsere Kunst im Schoß der Erde verborgen hat.« Auf diese Worte verschwand das Kind, die erschreckten Schatzgräber flohen und der Gang schloß sich in dem Zustand, in dem wir ihn jetzt sehen. Es blieb nur ein einfacher Spalt. Dieser schöne Roman ist die Fabel des Ortes, und obwohl ich nicht weiß, was der Pfad bedeutet, wäre ich doch eher geneigt zu glauben, daß die Inkafürsten Billard gespielt haben, als mir vorzustellen, daß sie ihre Schätze an einer allen zugänglichen Stelle, die für ihr Vergnügen bestimmt war, versteckt hätten!

Die Guanchen
Mexiko-Stadt, Mai 1803

Humboldt überarbeitete seine Aufzeichnungen über den Aufenthalt auf den Kanarischen Inseln, aus dem der folgende Text entnommen ist.

[Übers.:] Die Guanchen, ein Volk von Hirten und Ackerbauern, das nur von gerösteter Gerste (Gofio) und Ziegenmilch lebte, hatten verfeinerte Ideen von der Gottheit. [...] Im 15. und 16. Jahrhundert schilderte man die Milde der Sitten der Guanchen wie man heute die Sitten der Einwohner von Tahiti darstellt (die jedoch ein wenig Menschenfresser sind). Das hinderte nicht, daß man sie als Sklaven verkaufte!! Die Bewohner der Kanarischen Inseln, Reste der alten Einwohner von Atlantis, wahre Ureinwohner, hatten jene moralische Größe des homerischen Zeitalters. [...] Diese Guanchen (ebenso wie die Einwohner von Tahiti) lebten im übrigen unter dem Joch der Feudalherrschaft. Die Religion paßt sich überall den Wünschen der Tyrannen an. Die Guanchen glaubten, daß Gott zuerst die Menschen geschaffen habe (den Adel), denen er alle Ziegen gab. Dann bekam er Lust, noch mehr davon zu schaffen (das Volk). Diese [das Volk] forderten auch Ziegen von ihm, aber Gott antwortete ihnen, daß sie den ersteren dienen sollten. Der Oberpriester, Faycán, erhob in den Adelsstand (Achimencey: Adliger, Achicaxna: Bürgerlicher, Nichtadliger) und der Faycán wollte, daß ein Adliger niemals die Ziegen mit seinen Händen melken solle. So begann die Korruption der Moral wie überall durch den Feudalismus.

Betrachtungen über Biegsamkeit des Menschl[ichen] Charakters Auf dem Orinoko bei der Playa de Uruana (nahe der Mündung des Río Arauca) (Venezuela), 6. April 1800 und später

Diese Abhandlung über die Missionsmönche spiegelt die Erfahrungen wider, die Humboldt mit ihnen in Cumaná und bei den Exkursionen von dort aus in das Landesinnere Venezuelas sowie während der Orinokoreise gemacht hat.

Viele Materialien über diese Anstalten, deren wahren Zustand man in Europa gar nicht kennt und welche einen so unverkennbar großen, nüzlichen Einfluß auf Kultur, Ansiedlung des Menschengeschlechts gehabt haben, in meiner Reise nach Costa de Paria und Missiones Chaymas. Wenn in den Kapuc[iner] und Osservanten-Klöstern in Spanien man wüßte, wie herrlich das Missionsleben ist, alle Mönche liefen nach Amerika. Ich habe oft die Capucinerspeise in Tyrol mit dem verglichen, was ich tief im Innern von Süd-Amerika an Weinen, Anfous, Kuchen, dulees, Pasteten ... genossen. Wir Reisenden sind wie die Span[ischen] ministros de real hac[ienda], von denen die Padres sagen: schimpfen auf unsern Wohlstand und kehren doch immer zuerst bei uns ein, ohne daß man ihnen beim Essen ansieht, daß wir eine zu gute Küche haben. Der Reichthum, den ein industrieuser Missionar an zum Handel gelegenen Orten haben kann, grenzenlos. Der reichste hier, wer Arme hat, und des Missionars Sklaven sind alle Indianer seines Dorfes. Aber nach Europa schreiben die Missionars ewig von Indios bravos, travajos, Schlangen und Tigern, von einem Padre, der vor 160 Jahren erschlagen ward. Wir mußten oft lachen, wenn in den neuen Missionen wir Mönche ankommen sahen, welche sich ordentlich einbilden, daß sie bekehren werden, da von 100 nicht drei je in ihrem Leben einen wilden Indianer sehen, von 500 nicht einer je in eine Lage kommt, von einem Indianer etwas zu besorgen zu haben. Was man von saccas Indias sagt, besteht, wenn es je geschieht, darin, daß der padre fundador einige sehr zahme, herumstreifende Indianerfamilien, die sehr geläufig spanisch sprechen, auch etwas getauft sind, anlokken, und daß diese recruten holen, die mit großer Dehmuth [folgen], denn der Indianer ist an sehr aristokrat[isches] Gouvernement gewöhnt und läßt sich (wie alle rohen, dummen Menschen) um des Selbstdenkens, Sich selbst Bestimmens überhoben zu sein, gern regieren.

Alle Missionare, die 10 J[ahre] in Amerika wohnen, können nach Wohlgefallen nach Span[ien] zurükkehren, sind vom Chor und fast allem Mechanismus des Gottesdienstes dispensiert, und genießen alle Rechte der Klosterprälaten. Niemand will zurükkehren und sich wieder ins Kloster einzwängen – Betrachtungen über Biegsamkeit des Menschl[ichen] Charakters. Wie Mönche als Missionäre schnell Weltmenschen und nüzliche werden. –

In jezigen Verhältnissen der Span[ischen] Monarchie Missionen nicht abzuschaffen, nur nüzlich zu lenken. Man lasse den Padre sich auf erlaubte Art bereichern. Warum soll er hac[ienda] haben? Man vergesse nie, wieviel Blut ohne Missionen in Amerika geflossen wäre, daß Missionen die Ansiedlung des Menschengeschlechts veranlaßt, daß die entferntesten Indian[ischen] Nazionen vom Hörensagen Bart, Kleid, Gewalt des Padre's kennen und nur durch diesen Zauber gelenkt werden, daß einer 300jährigen Idee nicht leicht eine neue substituirt wird, und daß die Padre's eigene Gaben haben, den Indianer zu behandeln. Man sollte glauben, daß (in dem ich dies lezte Wort schrieb auf dem Orinoco schiffend, schlug unser Boot um, und der Strohm lief über den Tisch. [...]) daß es nüzlicher sein müsse, junge Creolen als Missionärs aufzunehmen, da diese des Klimas der Produkte gewöhnt, die Etablissements sachkundiger machen würden. Aber Trägheit der Creolen, ihr geringer Unternehmungsgeist hindert, auch würden Verwandte der amerik[anischen] Mönche sich in Missionen mischen und Uebel größer. Andal[usische] Capucin[er] haben mit Recht vorgeschlagen, man solle Missionäre in Vorrath herschikken, damit sie sich einige Jahre lang hier unterrichten könnten. –

Eine schändliche Sache, obgleich selten jezt, doch Schande des Jahrhunderts sind Jornadas der Missionäre. Ein Mönch bietet, um sein Dorf zu vergrößern oder neue anzulegen, alle Mannschaft in der Nähe auf, ihm bewafnet gegen die Indios bravos zu folgen. Indianer (schon bekehrte) und Spanier, alle müssen im Namen der Religion folgen. Tenientes müssen dem Padre Beistand leisten, zur Jornada zwingen. Man überfällt unschuldige Indianer, sie retten sich meist nur durch Flucht, man sezt ihnen nach, tötet alles, was sich widersezt, oft ein 50-60 Männer und Weiber, raubt Kinder und schlept alt und jung, 200-300 triumphierend in das Dorf. Es giebt um Calabozo, Tisnao, Nutrias Gesindel, besonders Zamben, welches mehrere solcher schändlichen Giornadas mitgemacht und sich öffentlich rühmt, 5-6 Indianer erlegt zu haben! Und dies geschieht mit Kön[iglicher] Bewilligung, ja ein Governador, der sich widersezte, würde als kalt in Religionssachen leicht von Mönchen belangt und verfolgt werden. Und Folge: daß Haß, Wuth der Indianer gegen Spanier zunimmt, daß sie sich noch tiefer in Wälder zurükziehen, daß die Gefangenen, nachdem man mit Mühe sie zu catechisiren angefangen, in Wälder zurükkehren.

Meist sind 4 Wochen nach der Jornada schon alle Besiegten wieder verlaufen. Trägheit der Missionäre, welche bequemeren Handel treiben, Mangel an Mönchen (während des Krieges), mindere Willfährigkeit der Governadores, welche abrathen, Erfahrung der Unnüzlichkeit des Unternehmens, ja bei einigen Missionen auch aufgeklärtere Ideen, haben Giornadas seltener gemacht. Doch haben die Einwohner von S. Fernando de Apure unter Anführung des rüstigen Pfarrers (Capuciners) von S. Rafael de Atamaica noch 1797 eine blutige Jornada gegen den Río Meta und Sinaruco hin gehalten.

Willkürherrschaft der Mönche
Lima (Peru), 23. Oktober - 24. Dezember 1802

Humboldts Anklage der Willkürherrschaft der Mönche in den Missionen Südamerikas ist eine in sich geschlossene Abhandlung ohne Verbindung mit dem Kontext. Sie betrifft überwiegend Venezuela, geht aber auch gelegentlich auf die Zustände in den Missionsdörfern in den Vizekönigreichen Neu-Granada (Kolumbien) und Peru ein.

[Übers.:] Keine Religion predigt die Unmoral, aber was sicher ist, ist, daß von allen existierenden die christliche Religion diejenige ist, unter deren Maske die Menschen am unglücklichsten werden. Daß man doch die Missionen besuchte, daß man in die Hütten der unglücklichen Amerikaner einträte, die unter der Fuchtel von Franziskaner- oder Kapuzinerpatern leben; man würde wünschen, auf einer verlassenen Insel (der Kokos-Insel) zu leben, um niemals von den Europäern und ihrer Theokratie sprechen zu hören. Die gegenwärtigen Missionen verursachen zwei Arten von Schäden: der eine vollzieht sich positiv, derjenige, die Zivilisation und Kultur der Menschen nicht zu fördern, der andere ist ein negativer und erregt die meiste Teilnahme, derjenige, das Gute zu verhindern, die Bevölkerung zu verringern, ungeheure Ländereien unbewohnbar zu machen und die freien Indios dazu zu bringen, sich täglich mehr von den christlichen Niederlassungen zurückzuziehen, wodurch der Haß gegen eine Menschenklasse vermehrt wird, die unter dem Anschein, ihnen [den Indios] Gutes zu tun, ihnen ihren Besitz, ihre Niederlassungen gewaltsam wegnimmt, und sie glauben macht, daß es eine Sünde ist, sich darüber zu beklagen! Die deutschen Kleinstaaten beweisen zur Genüge, daß man den Launen eines Souveräns um so mehr unterworfen ist, je näher man ihm ist. Die Missionen sind Theokratien, denen sich die Indios leicht anpassen, weil jeder freie amerikanische Indio an eine mechanische Willfährigkeit gegenüber seinen Häuptlingen gewöhnt ist. Es gibt keine unbegrenztere Despotie als die der Mönche. Welche schreckliche Vorstellung, daß derselbe Mensch, der von den Sünden freispricht, der nach seinem Belieben den mildesten Trost eines zukünftigen, glücklicheren Lebens entziehen kann, auch Herr und Gebieter über euer Eigentum, die Früchte eures Ackerbaus, eure geringfügigsten Handlungen ist. Die Corregidores in Amerika haben sicherlich keinen Mangel an absoluter Macht noch an Willen, sie zu mißbrauchen, aber welcher Unterschied, in einem abgabepflichtigen Indianerdorf und in einem Missionsdorf zu wohnen. In diesem ist alles leicht. Der Mönch versteht, die unbegreiflichsten Sachen ausführen zu lassen. Man leistet ihm blinden Gehorsam, niemand widersteht ihm. Der Mönch, in einem Kloster erzogen, ahmt immer das nach, was er gesehen hat, er erzeugt aufs neue die Eindrücke seiner ersten Jugend, er fordert den gleichen blinden Gehorsam, an den er gegen seine Oberen gewöhnt gewesen ist. Er versucht, ein chinesisches oder Inka-Regiment aufzurichten, ein mechanisches Leben. Die Missionare, die nach Amerika kommen und behaupten, von einer inneren Stimme gerufen zu sein, sind (sogar nach dem Eingeständnis der Gardiane und des Erzbischofs von Santa Fe) meistens Burschen, die Lust zum Entlaufen haben, die durch ihre schlechte Führung oder durch Schikane sich von ihren Oberen schlecht behandelt sehen, die bereuen, die Kutte genommen zu haben ... Die Überfahrt über das Meer dient nicht dazu, sie ihr neues Schicksal lieben zu lassen, dem sie sich angelobt haben. Man gibt ihnen sehr schlecht zu essen. Diejenigen, die in diesem Krieg englische Kriegsgefangene gewesen sind, haben die Art und Weise nicht gelobt, in der man sie behandelt hat. Ein Alter, der sie anleitet, ist ihnen durch seine Regeln und Ratschläge noch mehr zuwider. Oft kommen sie mit 18 bis 19 Jahren als Ministranten; man macht sie in aller Eile nach ihrer Ankunft zu Priestern. Alle Missionen haben Dörfer, wo man mehr Bequemlichkeiten genießt (diejenigen an der Küste, z. B. von Nueva Barcelona) und die wirklichen Missionen in den Urwäldern, wo man von allem menschlichen Verkehr abgeschnitten ist. Diese letzten Orte sind die, die im Hinblick auf die Menschlichkeit die meiste Teilnahme erregen sollten, und dorthin sendet man die neuangekommenen Mönche, die sich dem Gardian der Missionen am wenigsten empfehlen. Die zivilisiertesten bleiben an der Küste, wo (Provinz Barinas, Apure und Nueva Barcelona) ihnen der Handel mit Maultieren, mit Rindern in wenigen Jahren 30-40000 Piaster einbringt. Sie haben selbst Schoner, die Schleichhandel mit Jamaica treiben, und man hört vom »Schoner des Paters« reden, eine Bezeichnung, die so erheiternd erscheint, daß der Heilige Franz von Assisi Mühe gehabt hätte zu glauben, daß seine Anhänger in der Neuen Welt eine Seemacht haben könnten. Aber man sendet in das Innere der Wälder (Putumayoi, Huallaga, Orinoko, Atabapo, Río Negro, Kalifornien) nicht nur die neuangekommenen, gröbsten und stupidesten Mönche, sondern auch diejenigen der reicheren Missionen, die sich schlecht mit den Gardianen stellen oder die man wegen irgendeines Verbrechens bestrafen will. Ich habe einen Missionar gesehen, der aus purem Haß einem Leutnant der Miliz 50 Stockschläge versprochen hatte, falls er sich in seiner, S. Tomé de Guayana benachbarten Mission sehen ließe. Der Leutnant vergißt sich und nähert sich dem Machtbereich des Mönchs. Dieser bewaffnet im Augenblick seine Indios mit Pfeilen und Blasrohren, um den Feind zu überraschen. Man nimmt ihn gefangen, zieht ihm die Uniform aus, bindet ihn an den Pfahl und verpaßt ihm die 50 versprochenen Schläge. Dies geschah vier Meilen von der Residenz des Gouverneurs entfernt vor kaum acht Jahren. Man machte dem Mönch den

Prozeß, untersagte ihm zunächst für drei Jahre, die Messe zu lesen, und sandte ihn dann in eine Mission im Landesinnern, wie wenn eine »stille« Messe keine Bedeutung hätte. Auf diese Weise sind die Waldmissionen Orte der Verbannung, das Sibirien dieser Provinz. Die Mönche treffen dort in schlechter Laune ein, und sie beginnen erst in dem Maße Gefallen daran zu finden, in dem sie abstumpfen und sich bereichern, indem sie die Indios wie Sklaven für sich arbeiten lassen und ihnen ihre Erzeugnisse wegnehmen. Gemeindeland. An diesen verlassenen Orten ist keine höhere Autorität als die des Missionars bekannt. Der Mönch ist unabhängig, aber dessen bedarf es gar nicht; er braucht nur Mensch zu sein, um sich dieser absoluten Freiheit der Leidenschaften, diesem Fehlen eines äußeren Zügels, allen Exzessen des schrecklichsten Despotismus hinzugeben. Die einzige Sache, die Halt gebieten könnte, ist eine innere moralische Empfindung und die Furcht. Diese moralische Empfindung ist sehr selten bei Leuten von schlechter Erziehung, die an Verstellung und Heuchelei gewöhnt sind und die schreckliche Vorstellung haben (die den wahren Prinzipien der katholischen Religion sehr entgegengesetzt ist), daß die Untaten, die man in diesem Leben verübt hat, nicht zu fürchten sind, vorausgesetzt, daß man einen benachbarten Mönch in ausreichender Nähe hat, um im Augenblick des Todes einen Akt der Reue vollziehen zu können. Die Furcht ... sie existiert nicht. Die Missionare herrschen durch eine allen gemeinsame politische Intrige, welche vollständig erklärt, wie ein Weißer so despotisch regieren kann, der sich allein unter oft, besonders in ihrer Trunkenheit, gewalttätigen Indios (Morciélagos, Kariben) befindet. Die Intrige besteht darin, daß die Mission sich auf Geschenke gründet, die man den Anführern der Indios, den Sibierenes, den Kaziken, macht ... Der Mönch hat immer drei bis vier Indios, und zwar die am meisten gefürchteten, auf seiner Seite. Er macht es wie die Souveräne, die Kreuze, Titel verleihen ... Die Mönche ernennen Kaziken, Gobernadores, ranghöhere Polizisten ... Sie verteilen die Stäbe (Ehrenzeichen) an diejenigen, die diese Rangabzeichen erlaubterweise tragen, um ihrerseits die Indios zu tyrannisieren. Diesen [den Indios] läßt man die Freiheit (Augustus nach dem Sturz der Republik), ihre Vorgesetzten zu wählen, aber der Mönch bestätigt, weist zurück ... Auf diese Weise gibt es in jeder Mission vier bis fünf Familien, die Interesse daran haben, die Partei des Mönchs zu nehmen. Auch straft man mit der größten Härte jeden Mangel an Unterordnung; und wenn die Missionen dicht beieinander liegen, wären diese Strafen selbst ohne die politische Intrige, von der ich oben gesprochen habe, leicht zu verhängen. Die Indios eines Dorfes sind immer sehr geneigt, ihre Nachbarn zu demütigen, und der Indio ist zufrieden, wenn es sich um einen Racheakt handelt, ohne daß man ihm den Grund der Bestrafung sagt, fast wie die europäischen Soldaten, die einen Krieg mit Erbitterung führen, ohne zu wissen, um was er geführt wird. –

Der Missionar versucht, sein Dorf wie ein Kloster zu behandeln. Alles geschieht nach dem Ton der Glocken; der Indio ist nicht einen einzigen Augenblick in seinen Handlungen frei; man schickt ihn nach rechts und nach links, und die Flußreisen sind ausreichend, um die Missionen zu ruinieren. Der Indio will nichts anbauen, weil alles, was er hervorbringt, dem Pater gehört. In S. Fernando de Atabapo zwingt man ihn, dem Missionsmönch eine Fanega Kakao für vier bis sechs Realen zu verkaufen. Stockschläge, wenn der Indio seinen Kakao einem benachbarten Missionar zu verkaufen oder bei diesem seine Leinwand zu kaufen wagt. Jeder unterhält Monopolrechte in seinem Dorf. (Ich reiste mit einem Mönch, der auf dem großen Schildkrötenöl-Markt für fast 100 Piaster Leinwand, Bänder, Nadeln, gekauft hatte, die ihn nicht 20 Piaster gekostet hatten; denn statt mit Geld hatte er sie mit Tití-Affen, Viuditas-Affen, Felshühnern vom Orinoko bezahlt, die ihm die Indios zwangsweise für 2 Realen geben müssen und die er vor ihren Augen für 7 Piaster gut verkauft,) während er denselben bei Strafe von 50 Peitschenhieben verbietet, den Kaufleuten von Guayana auch nur einen Affen auf eigene Rechnung zu verkaufen. Dieser Pater errichtete seinen Stand in allen Dörfern, durch die er kam; er hatte die Geduld, die Nadeln stückweise zu verkaufen, wobei er 3000 Prozent gewann. Es gab genügend Dörfer, wo er nichts verkaufte, weil der »König« des Ortes es verbot. Man bezahlt den Kakao von S. Fernando nicht mit Geld, nein, man zwingt die Indios, ihn im Kanu des Paters (das sie mit ihren eigenen Händen gebaut haben) zu transportieren, oft ohne ihnen in Guayana das Yuca Mehl (die einzige Nahrung) zu liefern, obwohl sie mit dem Ruder in der Hand täglich 14 bis 16 Stunden arbeiten. Wenn sie in S. Tomé de Guayana angekommen sind, verbietet der Mönch seinen Indios jeden Verkehr mit den Weißen unter dem Vorwand, ihre Moral nicht zu verderben und untersagt ihnen, etwas zu kaufen, weil die Weißen in den Läden die »armen Kleinen« betrügen, die den Wert der Sachen nicht kennen ... Diese »armen Kleinen« sehen, wie das Kanu des Paters mit Messern, Angelhaken, Leinwand, Tüchern beladen wird, und sie durchschauen das Geheimnis, daß diese Gegenstände in den Missionen 300 bis 800 Prozent mehr kosten als hier im Hafen, obgleich der Transport den Mönch-Kaufmann nichts kostet, sondern allein die Indios, die drei bis vier Monate im Kanu schwitzen und indessen den Anbau ihrer Gärten versäumen und überhaupt nicht mit ihren Familien zusammenleben. Nach der Rückkehr, nachdem der Mönch die Fanega Kakao zu 12 bis 14 Piaster verkauft hat, zahlt er ihnen 4 bis 6 Realen, aber nicht in Geld, sondern in Leinwand, Messern, das gesamte Geschäft gerechnet mit 3000 Prozent Gewinn. Wenn der Priester am

Tage der Rückkehr des Kanus genügend »Chiquichiqui« oder »Maní« aufgehäuft hat, wird er die unglücklichen Indios am folgenden Tag einschiffen und sie ein zweites Mal für eine Abwesenheit von drei bis vier Monaten entfernen, und zwar auf 500 bis 600 Meilen von ihrer Heimat entlegen, wobei er sie aus einem Land, wo es keine Moskitos gibt (z.B. vom Río Negro), in ein anderes (am Orinoko) bringt, wo sie den vernünftigsten Menschen zum Wahnsinn bringen. Damit nichts den Fortgang ihrer Monopole unterbricht, haben die Missonare verstanden, die Missionen für Weiße zu schließen. Es gibt weise Gesetze der Souveräne, die anordnen, daß sich in jedem Indianerdorf zwei bis drei weiße oder spanische (nicht-indianische) Familien niederlassen sollen. Aber die Missionare haben das Gesetz eingeführt, daß, um die Reinheit der Sitten der Indios zu wahren, kein Spanier ohne Erlaubnis des Mönchs länger als eine Nacht in einer Mission bleiben darf. Die Katalanen haben trotz ihres Geschäftsgeistes niemals in die Missionen eindringen können. Man hat ihnen ihre Kanus in den Wasserfällen des Orinoko zerbrochen, und bei den Andaquies-Indianern veranlaßten sie einen vollständigen Krieg, wie man in den Berichten des Vizekönigs Ezpeleta sehen kann. Dasselbe Monopol, dieses Fehlen des Nutzens, den die Indios aus ihrer Arbeit ziehen, ist die Ursache, daß es in den Missionen mit einem so fruchtbaren Boden nur wenige Handelsprodukte gibt, dagegen das Elend in ihnen die Bevölkerung bemerkenswert verringert. Die Indios bauen nichts an, weil der Kakao ihnen keinen Profit bringt, sondern ihnen im Gegenteil das Unglück (die Unbequemlichkeit) des Reisens verschafft. Im Gegenteil, sie zerstören heimlich die Bäume. Alle Missionen leben auf dem gleichen Fuß; sei es Putumayo und Andaquies, sei es Ocopa und Huallaga, Mainas, Orinoko, das heißt nichts, als den Namen wechseln...

Ich habe gesprochen, weil ich mit meinen eigenen Augen

gesehen habe und ohne Haß gegen die Mönche, die mir niemals persönlich etwas zuleide getan haben, unter denen ich eine Anzahl sehr achtungswürdiger Personen kennengelernt habe und über die ich mich in meinem [gedruckten] Werk mit viel mehr Vorsicht äußern werde als ich es hier tat; denn ich möchte, daß dort eine Gesinnung des Friedens, der Gerechtigkeit und des Wohltuns herrscht. Ich bin in den Missionen gut aufgenommen worden, ich bin dort weder aus Gnade noch heimlich hineingekommen, ich bin auf direkten Befehl des Königs empfangen worden. Ein Historiker hat keine andere Verpflichtung als die der Wahrhaftigkeit, und sie muß ihm um so heiliger sein, als das Unglück der ausgedehntesten Gebiete davon abhängt. Man möge den Bericht des Vizekönigs Góngora, Erzbischofs von Bogotá, lesen, die Denkschriften von zahlreichen Bischöfen, selbst von Klostervorstehern, besonders wenn sie gerade von Europa angekommen und noch nicht daran gewöhnt sind, die Indios mißhandelt zu sehen, und man wird darin viel schlimmere Sachen finden, als ich sie gesehen habe; z. B. hat der Missionar von S. Fernando de Atabapo, der bei seinem Gardian angeklagt war, mit der Frau eines Indios zu leben, seinem Küchenjungen, von dem er glaubte, daß er ihn verraten habe, mit den Zähnen einen Hoden abgerissen. Der Mann [der Küchenjunge] ist heute Kirchendiener und eine anatomische Merkwürdigkeit, denn er hat Kinder, obwohl er nur mit einem Flügel schlägt. Der Mönch hat lange Zeit im Prozeß gestanden, aber seine Klosterbrüder haben verstanden, ihn aus der Affäre zu ziehen, indem sie sagten, daß es wahr wäre, daß er den Penis zwischen den Zähnen gekaut habe (man könnte glauben, von den Kariben-Indianern zu sprechen!), aber daß er es in der Wut über den Anblick des Knaben getan habe, den eine kleine Indianerin in seinem keuschen Haus geküßt habe. Er liest die Messe in der Nähe der Küste. Aber das Faktum ist sehr sicher; ich habe es von den Mönchen selbst und kann die Personen bei Namen nennen!

Diese blutigen Ausschreitungen und andere, bei denen Indios zu Tode gepeitscht wurden (wovon alle Missionen Beispiele liefern), sind im allgemeinen zu selten, um sie als Hauptursache des Unglücks der Indios anzuführen. Es ist mit ihnen wie mit den Afrikanern; man sagt, daß es ihnen gutgeht, wenn man sie nicht tötet; man glaubt, daß sie durch die Gesetze geschützt sind, wenn man ihnen ohne Richter nur 25 Schläge zu geben wagt. Aber man vergißt, daß es besser ist, bei einem einzigen Mal unter den Schlägen den Geist aufzugeben als ein trostloses Leben in die Länge zu ziehen, in dem man alle Tage geschlagen wird, jede Woche (nach der Laune des Herrn) drei- bis viermal in die Bäckerei, die »Pistrina« nach Lima geschickt wird, ein Leben schlimmer als der Tod zu führen. Das Unglück des Indios in den Missionen besteht darin, daß er Sklave des Paters ist, des Gobernadors, des Alguacil, des Hauptmanns ... daß er keinen eigenen Willen hat, daß man ihn sechs Monate des Jahres von seiner Familie trennt, um ihn im Kanu des Paters rudern zu lassen, daß er kein Eigentum hat, weil der Missionar ihn zwingt, ihm alles abzutreten, was er [der Missionar] nötig hat, daß man ihn jeden Augenblick, sogar in der Kirche, auspeitscht, daß er unbewegt sieht, wie seine Frau, seine Mutter, ohne Unterschied des Alters beim Gebet geschlagen wird, (weil sie »infierno« (Hölle) wie »invierno« (Winter) ausspricht) Es gibt nichts Widerliches als (in den Kariben-Missionen) den Prieseter nach der Messe im Ornat vor der Kirchentür Aufstellung nehmen zu sehen, um die Geschenke (Abgaben) der Indios zu empfangen, die in zwei Reihen anstehen und Holz, Bananen, Manioc dem Mönch demütig zu Füßen legen. Nach diesem Akt der Huldigung befiehlt der Priester, die Indios auszupeitschen, die seinem Despotismus Widerstand geleistet haben; man peitscht oft dreiviertel

Stunden lang sieben bis acht bis neun Indios; der Priester kehrt in die Sakristei zurück und legt sein »geistliches Ehrenkleid« ab. Ihr, die ihr die Gelübde der Demut, der Armut begründet habt ... die ihr die Einfachheit der Urkirche nachgeahmt habt, seht eure Anhänger in [West-]Indien! Was für eine Beschäftigung, unvereinbar mit der Stellung eines Priesters ... In Quito züchtigen die Herren der Haciendas vor der Kirche. Es ist eine grausame Idee, daß die Indios ihren Gott nicht anbeten können, ohne daß man sie auspeitscht.

Über die Llanos

Die Llanos waren damals durch Raubgesindel unsicher, weshalb sich mehrere Reisende uns anschlossen, so daß wir eine Art Karawane bildeten. Ehemals raubte man bloß Rindvieh, man tötete es, um die Haut zu gewinnen; das Fleisch genießt der Truthahngeier. Jetzt, mit *zunehmender* Bildung und *zunehmendem* Bedürfnis, fängt man an, Reisende anzufallen. Die Begierde ist besonders auf Kleidungsstücke, *wollene* Decken, ein *schönes* Maultier und Sättel, ja selbst Geld gerichtet. Uhren läßt man meist dem Reisenden, der, wenn er ein Weißer ist, an einen Baum gebunden und tüchtig ausgepeitscht wird. Die Räuber sind Zamben, Mulatten; ein farbiger Mensch glaubt gegen die Pflichten seiner Kaste zu sündigen, wenn er eine Gelegenheit vorbeigehen läßt, einem Weißen einen Teil dessen zurückzugeben, was die bunte Kaste allgemein von der Tyrannei der weißen Kaste leidet. Man hat in den letzten Jahren traurige Beispiele von Reisenden erlebt, die, an Bäume gebunden, hilflos und halbverschmachtet gefunden wurden. So nimmt die Bruderliebe in dem *neuen* Weltteil zu! In einem Llano, in dem man in zwei Tagereisen oft kein *menschliches* Geschöpf, in sieben, acht Tagereisen keine Spur *zusammen wohnender*

Menschen findet; in einem Lande, wo acht oder neun von zehn eingefangenen Räubern entspringen, weil bei Kriminalprozessen *nichts gewinnende* Auditoren jeden Verbrecher zehn, zwölf Jahre lang in dem *schlecht bewachten* Gefängnis schmachten lassen; in einem Land, wo diese entsprungenen Räuber jahrelang sicher in ihrer vorigen *einsamen* Heimat wohnen und rauben; in einem Land, wo die *moralischen* Begriffe so roh sind, daß viele Viehhalter *geraubtes* Vieh kaufen, ja ihre Sklaven ausschicken, um ihr Eisen (Zeichen) auf *fremdes* Vieh zu drücken; in ein Land, wo die Mönche, wie in Guayabal, sich das Recht anmaßen, *ganze* Ortschaften von Raubgesindel anzulegen, Gesindel, das in der *neuen* Mission Schutz und Immunität findet – unter solchen Verhältnissen ist es sehr natürlich, daß die Räubereien zunehmen müssen. In der Provinz Barinas, zwischen Rio Apure und Rio Meta, wo die *angrenzenden* Indianer vor sechs Jahren nicht einmal Kuhfleisch aßen, haben *aus den Gefängnissen entsprungene* Zambos und Mulatten den Indianern solche Lust zum Viehraub eingeflößt, daß die Viehfarmen jetzt am Meta nicht sicherer sind als die am Rio Guárico. Aber die Indianer töten und essen das Rindvieh, sie führen es nie in ihr Land und pflegen es dort. Sie wärmen sich wie die Affen am Feuer, ohne es selbst zu unterhalten. Der *berittene* Wachdienst, der 1797 in den Provinzen Caracas und Barinas eingeführt wurde, verminderte das Übel, der Viehraub nahm sichtbar ab. Aber schon ist dieses Institut ausgeartet. Statt daß alle *im Llano wohnenden und Steuer leistenden* Viehbesitzer an der Verwaltung des Ganzen und an der Wahl der Direktoren teilnehmen, haben *die in Caracas anwesenden* allein Direktoren erwählt, Menschen aus der ersten und *untätigsten* Klasse, die den Llano kaum dem Namen nach kennen. Die Kasse ist darüber in solche Verwirrung geraten, daß man den Wachdienst zu Pferde nicht mehr bezahlen kann und die Reiter es unbezahlt nicht für ratsam halten, ihr Leben gegen *blutgierige* Zambos zu wagen. So ist ein *durch Privatkräfte errichtetes vortreffliches* Institut fast schon vernichtet und der Llano fast abermals so unsicher als vor vier, fünf Jahren.

Faulheit und physische Kraft

Welche Lebhaftigkeit, welche Wißbegierde, welches Gedächtnis, welch leidenschaftlicher Drang, die spanische Sprache lernen zu wollen und sich in ihrer eigenen verständlich zu machen! Die gleichen Leute, bei denen wir einen so großen geistigen Adel, so viele intellektuelle Fähigkeiten sehen, sind die gleichgültigsten und faulsten, was die Arbeit anbetrifft. Sie liegen Tag und Nacht herum, wenn die Jagd oder der Feind sie nicht zum Aufbruch zwingen. Aber diese Gleichgültigkeit, von der einige wenig einsichtsvolle Personen soviel gesprochen haben, hat sicherlich nichts mit Stupidität zu tun. Sie zeigt bei ihnen ebensowenig Stupidität an wie der Müßiggang unserer Grandseigneurs oder unserer Gelehrten, die die Erde nicht bebauen, niemals zu Fuß gehen, sich bedienen lassen ... Die Menschen bewegen sich nur, wenn die Notwendigkeit sie dazu aufruft, Und welche Notwendigkeit besteht für den Freien der Wälder, der sich von Palmfrüchten oder Bananen nährt, die fast von selbst wachsen? Was am frei lebenden Indio erstaunlich ist, ist der Übergang, der Wechsel von einer Ruhe von zwei bis drei Monaten zur härtesten Mühsal des Schwimmens, des Reitens ... Ich kenne keine Arbeit, die der des Ruderns auf dem Orinoco gleichkommt oder dem Hinauffahren auf dem [Río] Casiquiare, wo unsere Indios gegen eine mächtige Strömung 17 bis 18 Tage hintereinander von 2.00 Uhr morgens bis 6.00 Uhr abends arbeiteten, während sie nach der allgemeinen Art der freien Indios nur bis 12.00 Uhr oder

1.00 Uhr des Nachts schliefen, um sich während der restlichen Zeit zu unterhalten. Und dieselben Leute, die eines so großen Kraftaufwandes fähig sind, bleiben zwei bis drei Monate in der Hängematte liegen, wobei sie die Bananen (Musa), welche sie am Feuer rösten, mit den Zehen umwenden und sie auf die gleiche Weise zum Munde führen, um nicht die Hände gebrauchen und sich aus der Hängematte erheben zu müssen. Bei dem Menschen, der noch in keiner Weise vom Luxus degeneriert ist, macht die Faulheit die physische Kraft nicht zunichte.

»Ebenen mit Menschenknochen bedeckt«

In einer Ausdehnung von mehr als 12 bis 14 Meilen sieht man überall die Ebenen mit Menschenknochen bedeckt, mit zerschlagenen Totenschädeln, an der Stirn verletzt durch Keulen oder kupferne Morgensterne, welche die Soldaten des Inca benutzten! Das ist nur in einem Klima möglich, in dem es niemals regnet, daß die menschlichen Gebeine im Verlauf von 3-400 Jahren der Zersetzung derartig widerstehen! Man hat sogar mit eingetrocknetem Fleisch umgebene, mumifizierte Gliedmaßen gefunden, nicht die Wirkung künstlicher Behandlung, sondern der Trockenheit des Sandes. Man hat Köpfe von Indios mit Haaren gefunden. Die Trockenheit bringt also dieselben Wirkungen hervor wie die Kälte Sibiriens, wo Pallas Rhinozerosse mit Fell im Dauerfrostboden gefunden hat. Man hat in Santa auch noch, was recht merkwürdig ist, Totenköpfe mit kleinen Stückchen Silber oder Kupfer zwischen den Zähnen gefunden. Man könnte zunächst glauben, daß diese Leichen aus Grabkammern waren, die durch Sturzbäche zerstört sind, daß Personen von Rang, die alle ihre Kostbarkeiten in die andere Welt mitnehmen wollten, sich auf diese Weise beerdigen ließen.

Aber nein! Dieselben Köpfe sind mit den anderen auf den Schlachtfeldern vermengt, sie haben oft Verletzungen! Wäre dies vielleicht eine Art Verspottung (Folge der Verachtung), dem getöteten Feind Metall zwischen die Zähne zu schieben, als ob man sich lustig machte über die Untertanen des Chimú, dessen in Mansiche gefundene Reichtümer beweisen, daß er nur allzu große Stücke auf Edelmetalle hielt?

Briefe

An seinen Bruder Wilhelm

Cumaná, den 17. Oktober 1800

Alle Beschwerlichkeiten dieser mühevollen Reise habe ich glücklich überstanden. Mein Freund Bonpland ist von den Folgen unserer Streiferei viel mehr angegriffen worden als ich. Er bekam nach unserer Ankunft in Guyana Erbrechen und ein Fieber, was mich für ihn fürchten ließ. Ich kann Dir meine Unruhe nicht beschreiben, in der ich während seiner Krankheit war; niemals würde ich einen so treuen, tätigen und mutigen Freund wieder gefunden haben. Auf unserer Reise, wo wir unter den Indianern sowohl als in den mit Krokodilen, Schlangen und Tigern angefüllten Wüsten von Gefahren umringt waren, hat er erstaunliche Proben von Mut und Resignation gezeigt. Nie werde ich seine großmütige Anhänglichkeit an mich vergessen, wovon er mir bei einem Sturm, der uns am 6. April 1800 mitten auf dem Orinoko überfiel, die größten Beweise gab. Unsere Piroge war schon zwei Drittel mit Wasser angefüllt; und die Indianer, die bei uns waren, fingen schon an, sich in das Wasser zu werfen, um das Ufer durch Schwimmen zu erreichen. Mein großmütiger Freund bat mich, ihrem Beispiel zu folgen, und erbot sich, mich ebenso zu retten.

Das Schicksal wollte nicht, daß wir in dieser Wüste umkommen sollten, wo zehn Meilen im Umkreise kein Mensch weder unsern Untergang, noch die geringste Spur davon würde entdeckt haben. Unsere Lage war in Wahrheit schrecklich; das Ufer war über eine halbe Meile von uns entfernt, und eine Menge Krokodile ließen sich mit halben Körpern über dem Wasser sehen. Selbst wenn wir der Wut der Wellen und der Gefräßigkeit der Krokodile entgangen und an das Land gekommen wären, würden wir daselbst vom Hunger oder von Tigern verzehrt worden sein; denn die Wälder sind an diesen Ufern so dick, so mit Lianen durchschlungen, daß es schlechterdings unmöglich ist, darin fortzukommen. Der robusteste Mensch würde mit dem Beil in der Hand in zwanzig Tagen kaum eine französische Meile zurücklegen. Der Fluß selbst ist so wenig befahren, daß kaum in zwei Monaten ein indianisches Kanoe an diesen Ort kommt. In diesem allergefährlichsten und bedenklichsten Augenblicke schwellte ein Windstoß das Segel unseres Schiffchens und rettete uns auf eine unbegreifliche Weise. Wir verloren nur einige Bücher und Lebensmittel.

An seinen Bruder Wilhelm

Cartagena de las Indias, 1. April 1801

Wir wollten gegen den Wind mit Gewalt in den Hafen einlaufen. Das Meer wütete fürchterlich. Unser Schiffchen widerstand nicht der Gewalt der Wogen und schlug plötzlich auf die Seite. Eine entsetzliche Welle bedeckte es und drohte uns zu verschlingen. Der Steuermann blieb unerschrocken auf seinem Platze; aber auf einmal rief er aus: »No gobierna el timón!« Jetzt hielten wir uns alle für verloren. Allein da man noch das Äußerste versuchte und ein Segel abschnitt, welches nur lose flatterte, so hob sich das Schiff auf einmal auf dem Rücken einer neuen Welle wieder empor, und wir retteten uns hinter das Vorgebirge Gigante.

Doch hier drohte mir eine neue und fast noch größere Gefahr. Es war eine Mondfinsternis; und um dieselbe besser zu beobachten, ließ ich mich in einem Boote ans Land setzen. Aber kaum war ich mit meinen Begleitern ausgestiegen, so hörten wir Ketten rasseln, und baumstarke, entlaufene Neger (Cimarones), aus dem Gefängnisse zu Cartagena entsprungen, stürzten mit Dolchen in den Händen aus dem Gebüsch hervor und auf uns zu, vermutlich in der Absicht, sich, da sie uns unbewaffnet sahen, unseres Bootes zu bemächtigen. Wir flohen augenblicklich dem Meere zu, hatten aber kaum noch so viel Zeit, uns einzuschiffen und die Küste zu verlassen. Am folgenden Tage liefen wir endlich ruhig und bei Windstille in den Hafen von Cartagena ein.

Humboldt an Karl Ludwig Willdenow

Havana, den 21. Februar 1801

Mein brüderlichst geliebter Freund!
In der Guayana, wo man wegen der Moskiten, die die Luft verfinstern, Kopf und Hände stets verdeckt haben muß, ist es fast unmöglich, am Tageslicht zu schreiben; man kann die Feder nicht ruhig halten, so wütend schmerzt das Gift der Insekten. Alle unsere Arbeit mußte daher beim Feuer, in einer indianischen Hütte, vorgenommen werden, wo kein Sonnenstrahl eindringt, und in welcher man auf dem Bauche kriechen muß. Hier aber erstickt man wieder vor Rauch, wenn man auch weniger von den Moskitos leidet. In Maypures retteten wir uns mit den Indianern mitten in den Wasserfall, wo der Strom rasend tobt, wo aber der Schaum die Insekten vertreibt. In Higuerote gräbt man sich nachts in den Sand, so daß bloß der Kopf hervorragt und der ganze Leib mit drei bis vier Zoll Erde bedeckt bleibt. Man hält es für eine Fabel, wenn man es nicht sieht.

Humboldt an Goethe

Paris, den 3. Januar 1810

Ich führe in diesem nüchternen Lande, mitten unter dem leeren Treiben der Menschen, ein beschäftigtes, einförmiges, in mich gekehrtes Leben. Ich bin von dem Gefühle gepeinigt, nicht schneller vollenden zu können, was ich mir selbst schuldig bin. Meine Ansicht der Welt ist trübe. Der Anblick einer großen Natur, Einsamkeit der Wälder und der rege Wunsch, ins Weite und Blaue haben eine Stimmung in mir vermehrt, die nicht heiter ist, mich aber nie im Arbeiten stört und meinen Mut nicht sinken läßt. Meine Gesundheit, mannigfaltige rheumatische Übel (Folgen der Nässe der Wälder), ein etwas lahmer Arm – von dem allen melde ich Ihnen nichts. Mein Befinden wird besser sein, sobald ich erst wieder in der heißen Zone lebe. Mein Projekt ist, mich nach dem Kap einzuschiffen, an der Südspitze von Afrika ein Jahr zu bleiben und mich mit den südlichen Strömen zu beschäftigen; dann nach Ceylon und Kalkutta zu gehen, mich in Benares, wo Karawanen von Lhasa ankommen, auf Tibet vorzubereiten und dann weiter vorwärts nach Norden einzudringen. Möge die äußere Lage der Welt meine Pläne bald begünstigen.

Humboldt an Heinrich Berghaus *

Erhalten 25. November 1828

Ich habe mir mein Leben lang etwas darauf eingebildet, unter den Sterblichen derjenige zu sein, der am höchsten in der Welt gestiegen ist – ich meine, am Abhange eines Berges, am Abhange des Chimborasso! Wie lange haben die Menschen gestaunt über die Höhe der Kordilleren, die ihnen von peruanischen Gradmessern bekannt gemacht worden war, und ich habe dies Staunen geteilt und bin stolz gewesen auf meine Aszension [Besteigung]! Mit einem gewissen Gefühl von Neid habe ich darum auf die Enthüllungen geblickt, welche von Webb und seinen Konsorten von den Bergen in

* Heinrich Berghaus, geb. zu Kleve 1797, gest. zu Stettin 1884, Kartograph in Patsdam. Sein »Physikalischer Atlas« (von 1837 bis 1848) wirkte bahnbrechend.

Indien gegeben, von deren kolossaler Erhebung man zwar eine Ahnung hatte, nicht aber beglaubigte, durch Messungen konstatierte Tatsachen. Ich habe mich über die Riesen des Himalaya beruhigt, weil ich glaube annehmen zu dürfen, daß meine Arbeiten in Amerika den Engländern den ersten Impuls gegeben, sich etwas mehr um die Schneeberge zu bekümmern.

Humboldt an seinen Bruder Wilhelm

Königsberg, den 17. April 1829.

Meine Reise, mein theuerer Bruder, ist überaus leicht und glücklich gewesen. Wir sind gestern Morgen um 8 Uhr hier angekommen, nachdem wir alle 4 Nächte durchreist, und Oberpräsident v. Schön in Marienburg 6 Stunden vergeblich erwartet haben. Die ungeheuere Ueberschwemmung hat ihn wahrscheinlich gehindert von Marienwerder herüberzukommen. In Marienburg haben wir alle Herrlichkeiten unter der Anleitung eines pedantischen Predigers gesehen. Der Weg von Berlin hierher ist im Ganzen vortrefflich gewesen, einige Meilen Schnee und Eisdecke abgerechnet. Auch sind wir in der That recht schnell gereiset, da wir oft gegessen, und wegen der Haspen eines aufgeschrobenen Koffers (an Ehrenberg's Wagen) uns 3 Stunden haben aufhalten müssen. Hier lebe ich ganz mit dem so lebendigen und liebenswürdigen Bessel, auf der von Dir erbauten Sternwarte, ich mache noch heute Morgen magnetische Beobachtungen mit ihm. Er hatte gestern alle Gelehrten zu Tische gebeten. Hier finde ich alle Unterstützung zum Weiterreisen bei dem Hofpostmeister Pfützer. Ich kann erst diese Nacht weiter reisen, da, nach Nachrichten von Memel, der Meerespass heute und morgen, da er nicht mehr hält, aufgeeist wird. Vielleicht werden wir noch auf der letzten Station der

Nährung (in Schwarzort) Aufenthalt finden, wenn etwa das aufgeeiste Haff noch zu grosse Schollen triebe. Auf der Weichsel fanden wir eine sehr gefahrlose Ueberfahrt. Meine Gesundheit ist vortrefflich, die Reisegesellschaft freundlich, und wir haben die 4 Kubikfuss medicamente von Ehrenberg noch nicht angebrochen. Ich umarme Dich zärtlichst, theuerer Bruder, und bin stündlich mit dir und deiner künftigen Lage beschäftigt. Umarme Carolinchen und Hermann und schreibe 3 Zeilen meinem verehrten Freunde General Witzleben, um ihm den Tag meiner Abreise von hier zu melden. Ich werde gewiss ausser Dorpat (1 Tag) alle Zögerung vermeiden. Mit innigster Liebe Al. Humboldt

Wenn ich nicht Zeit hätte, an Valenciennes zu schreiben, so entschuldige mich bei ihm.

Narva, den 29. April 1829.

Heute den 16. Tag unserer Abreise von Berlin, theuerer, innigst geliebter Wilhelm, sind wir noch nicht in Petersburg, ob wir gleich vorsätzlich uns nur 2 Tage in Königsberg und 1 Tag in Dorpat aufgehalten haben und immer des Nachts reisen. Aber die unglückliche Eigenschaft des Wassers, bald fest, bald flüssig zu sein, stört alle unsere Pläne. Die Wege selbst sind in der That erträglich, obgleich wir, seit Dorpat alle Gräuel der Winterlandschaft um uns sehen, Schnee und Eis, soweit das Auge reicht, aber überall ist Aufenthalt bei den Flüssen, die entweder in vollem Eisgange sind, wie die Düna und Narova (hier), oder die Ufer so weggerissen haben (wie an der Windau), dass man die Vorderräder im Schlamm fast verschwinden sieht, und sich Balken nachfahren lassen muss, um über die tiefsten Löcher die Wagen, bei abgespannten Pferden, durch Bauernbegleitung hinüberstossen zu lassen. Alles dies sind gewöhnliche Frühlingsereignisse, im Ganzen sehr gefahrlos und die unsere heitere Laune gar keinen Augenblick niedergeschlagen haben. Ich erwähne diese Stromhindernisse (und bis heute sind wir 17mal mit Prahmen übergesetzt worden), bloss, um zu beweisen, dass die so verspätete Ankunft nicht unsere Schuld ist. In Memel haben wir ein angenehmes und splendides Diner bei dem reichen Geh. Postrath Goldbeck, Deputationen der Kaufmannschaft und alle Ehren wichtiger Personen gehabt. Bei Paplacken vor Mitau sahen wir schön gekleidete Damen durch ein nasses Ackerfeld reiten, um sich unserem im Koth feststeckenden Wagen zu nahen. Wir glaubten, es sei vor Freude, welche die Bewohner des nahen Schlosses sich gäben, um sich an den Schiffbrüchigen zu ergötzen. Bald löste sich die Sache auf. Als wir, dem Kothe entwunden, 1/4 Meile weiter waren, eilte uns in vollem Galopp ein zierlich gekleideter Livréebediente nach, hielt den Wagen an, fragte, ob ich darinnen sei, zog einen silbernen Präsentirteller und zwei kleine silberne Becher aus einem Futteral und reichte uns eine Bouteille des trefflichsten Ungar-Weins nebst einer grossen Schachtel ächt französischer Confituren. Dies alles sandte uns der Starost von Paplacken, ein Graf von der Ropp, »weil es seinen Damen nicht geglückt sei, uns in das Schloss einzuladen.« Civilisirter kann man nicht die Gastfreundschaft ausüben. Wir hörten in Mitau, er sei ein Verwandter der Herzogin von Curland und besitze eine Statue von Thorwaldsen. Die Scene war von Pflugacker mit 3 Birken und 2 Kiefern umgeben, die Gegend des Oranienburger Thores, welche sich mit liebenswürdiger Einförmigkeit nun schon 200 Meilen weit gegen N. O. ausdehnt. Das charakteristischste dieser Unnatur, was ich gesehen, ist die Nährung, auf der wir 4-5 Tage lang gelebt, 5 Muscheln und 3 Lichenen gefunden. Wenn Schinkel dort einige Backsteine zusammenkleben liesse, wenn ein Montagsclub, ein Cirkel von kunstliebenden Judendemoiselles und eine Akademie auf jenen mit Gestrüppe bewachsenen Sandsteppen eingerichtet würde, so fehlte nichts, um ein neues Berlin zu bilden, ja, ich würde die neue Schöpfung vorziehen, denn die Sonne habe ich herrlich auf der Nährung sich in das Meer tauchen sehen. Dazu spricht man dort, wie du weisst, rein Sanscrito, lithauisch. In Riga, wo eine Eisscholle (wir segelten auf der Düna mit solchem Winde gegen den Strom) dem armen Ehrenberg einen Leck in seiner Barke verursachte, doch nahe am Ufer; in Riga assen wir bei dem preussischen General Consul Wöhrmann, der uns ganze Teller frischer Erdbeeren, Himbeeren und Weintrauben aus seinen Treibhäusern vorsetzte.

Die Stadt gefiel mir sehr, sie gleicht einer reichen Hansestadt. Von Dorpat und den dortigen Feierlichkeiten wäre ermüdend zu erzählen. Universitäts-Equipage mit 4 Pferden, Professoren-Besuche von 8 Uhr Morgens bis 9 Uhr Abends, ein ungeheuer labendes Diner, welches uns die ganze Universität gab, mit allen obligaten toasts, daneben aber doch wieder Belehrung, interessante Menschen (Kruse, Engelhardt, der als Geognost im Ural, Ledebuhr [C.F. Ledebour], der als Botaniker im Altay gewesen war, Elsholz [J.F. Eschscholtz] Chamisso's Begleiter, ein trefflicher Zoologe, vor allem aber Struve mit seinen 2000 Doppelsternen und dem herrlichen Fernrohr). Ein Schneegestöber, welches uns seit 3 Tagen plagt, hinderte alle himmlischen Beobachtungen, doch überzeugte ich mich durch wiederholte Versuche, dass ich in den Micrometer-Messungen nicht um 1/30 einer Secunde irren würde! In Riga fanden wir einen Kron-Postcourrier, der meiner schon seit 4 Tagen harrte, und uns nun vorfährt, was uns ein so vornehmes Ansehen giebt, dass man uns eine Nacht mit 15-18 Silberrubel bezahlen lässt. Die grundlosen Wege haben uns meist gezwungen statt 6-8 Pferde, die wir bis Königsberg bezahlten, 12 (für beide Wagen) zu bezahlen. Durch diese Vertheuerung wird die ganze Hinreise leicht 900 Thlr. kosten (immer 900 Thlr. weniger als die 1200 Duc. = 3927 Thlr., welche man mir gegeben).

Der Courier behauptet, eine Reise mit 400 Pferden koste hier 370-400 Thlr. Meine Wagen haben vortrefflich gehalten. Kein Nagel ist gewichen: nur ein Mal hat ein Pferd uns die Deichsel zerschlagen. Seyffert hat die grösste und gutwilligste Thätigkeit gezeigt. Unsere Gesundheit ist vortrefflich und wir sind alle heiter und zufrieden. Ich hoffe, der Eisgang wird uns morgen früh erlauben, über die Narova zu setzen. Vielleicht schlafen wir dann morgen Nacht schon in Petersburg. Schöler hat mich durch Briefe (in Riga) sehr freundlich eingeladen, bei ihm zu wohnen, da Major Thun's Quartier leer stehe. Wahrscheinlich nehme ich es an. Glücklicherweise reist der Kaiser erst den 7. unseres Mai's. Ich umarme Euch herzlich, Dich mein theurer Bruder, Carolinchen, den guten Hedemann.

Hermann und Valenciennes werden nun schon ferne sein.

Al. Humboldt.

An Dr. Emil Löw.
(Oberrabbiner in Szeged)

Werthester Herr! Zu meinem tiefsten Bedauern ist es mir erst heute möglich, Ihre schöne sympathisirende Zuschrift nebst Büchlein zu beantworten.

Sie sind unstreitig im Rechte, wenn Sie die Poesie der Hebräer das intensiv Beste aller morgenländischen Naturpoesie nennen, und in dieser Hinsicht hat ihr Büchlein den richtigsten Weg eingeschlagen. Rem acu tetigisti; was mir um so lieber ist, als die Hauptresultate derselben mit meinen eigenen, durch jahrzehntelange Erfahrungen gewonnenen Resultaten wesentlich übereinstimmen. Ich bitte Sie noch, die Stelle in meinem »Kosmos« gebührend zu bedenken, die sich in B. II S. 44 befindet: »Es ist ein charakteristisches

Kennzeichen der Naturpoesie der Hebräer, dass, als Reflex des Monotheismus, sie stets das Ganze des Weltalls in seiner Einheit umfasst, sowohl das Erdenleben als die leuchtenden Himmelsräume. Sie weilt seltener bei dem Einzelnen der Erscheinungen, sondern erfreut sich der Anschauung grosser Massen. Die Natur wird nicht geschildert als ein für sich Bestehendes, durch eigene Schönheit Verherrlichtes; dem hebräischen Sänger erscheint sie immer in Beziehung auf eine höher waltende, geistige Macht. Die Natur ist ihm ein Geschaffenes, Angeordnetes, der lebendige Ausdruck der Allgegenwart Gottes in den Erscheinungen der Sinnenwelt. Deshalb ist die lyrische Dichtung der Hebräer grossartig und von feierlichem Ernst.«

In Betreff nun des zweiten Theils Ihrer liebewerthen Zuschrift thut es mir unendlich wehe, Sie in einem so schweren Seelenkampfe zu wissen, der gleich schädlich Ihren Lebenszielen, wie Ihrem menschlichen Bewusstsein sein muss. Um Alles aber möchte ich Sie von dem Schritte abreden, Ihre Religion, noch die mit den Forschungen objektiver Wissenschaft am Leichtesten zu vereinbarende, mit der in Ihrem Lande dominierenden Trinitas zu vertauschen. *Harren Sie aus bei Ihren Brüdern, die einen so merkwürdigen Märtyrergang durch die Jahrhunderte vollbracht haben, und jetzt an der Schwelle ihrer Freiheit stehen. Widmen Sie der Geistesarbeit Ihrer tausendjährigen Geschichte Ihre Kräfte und Ihren Geist; der Erfolg kann und wird nicht ausbleiben, und die Resultate, die Sie, junger Freund, aus dem Schachte freier Wissenschaft erringen, werden Sie für so manche trübe Erfahrung der nebelgrauen, vor Anbruch des lichten Freiheitsmorgens stehenden Gegenwart trösten und beruhigen.*

Ich habe die Ehre zu zeichnen

Ihr gewogener Alexander von Humboldt.

Berlin, den 24. Oktober 1834.

Ich fange den Druck meines Werks (des Werks meines Lebens) an. Ich habe den tollen Einfall, die ganze materielle Welt, alles was mir heute von den Erscheinungen der Himmelsräume und des Erdenlebens, von den Nebelsternen bis zur Geographie der Moose auf den Granitfelsen, wissen, alles in Einem Werke darzustellen, und in einem Werke, das zugleich in lebendiger Sprache anregt und das Gemüth ergötzt. Jede große und wichtige Idee, die irgendwo aufgeglimmt, muß neben den Thatsachen hier verzeichnet sein. Es muß eine Epoche der geistigen Entwickelung der Menschheit (in ihrem Wissen von der Natur) darstellen. Die Prolegomena sind meist fertig, der ganz neu umgearbeitete, von mir frei gehaltene, aber an demselben Tage diktirte Discours d'ouverture, das Naturgemählde, die Anregungsmittel zum Naturstudium im Geiste unserer Zeit (dreierlei: 1) Poésie descriptive und lebendige Schilderung der Naturscenen in modernen Reiseberichten, 2) Landschaftsmalerei, Darstellung, sinnliche, einer erotischen Natur, wann sie entstanden, wann sie Bedürfniß und hohe Freude geworden, warum das leidenschaftliche Alterthum sie nicht haben konnte, 3) Pflanzungen, Gruppirung nach Pflanzenphysiognomik, (nicht botanische Gärten); Geschichte der physischen Weltbeschreibung, wie die Idee der Welt, des Zusammenhangs aller Erscheinungen, den Völkern durch den Lauf der Jahrhunderte klar geworden ist. Diese Prolegomena sind die Hauptsache, und erhalten den generellen Theil, ihm folgt der spezielle, – die Einzelheiten, geordnet, (ich lege Ihnen einen Theil eines tabellarischen Registers bei). Weltraum – die ganze physische Astronomie – Unser fester Erdkörper, Inneres, Aeußeres, Elektro-Magnetismus des Inneren. Vulkanismus, d. h. Reaktion des Inneren eines Planeten auf seine Oberfläche. Gliederung der Massen. Eine kleine Geognosie – Meer – Luftkreis – Klimate – Organisches – Geographie der Pflanzen. Geographie der Tiere – Menschen-Rassen und Sprache – deren dann physische Organisation (Artikulation der Töne) von der Intelligenz (deren Produkt, Manifestation die Sprache ist) beherrscht wird. In dem speziellen Theile alle numerischen Resultate, die genauesten wie in Laplace exposition du systême du Monde. Da diese Einzelheiten nicht derselben litterarischen Darstellung fähig sind, als die allgemeinen Kombinationen des Naturwissens, so wird das nur Faktische nur in kurzen Sätzen fast tabellarisch geordnet, so daß z. B. über Klimate, über Erdmagnetismus der fleißige Leser in wenigen Blättern alle Resultate zusammengedrängt finden muß, die ein Studium vieler Jahre nur liefern würde. Die Formähnlichkeit (litterarische Übereinstimmung) mit dem allgemeinen Theile wird vermittelt durch kleine Einleitungen zu jedem speziellen Kapitel. Otfried Müller hat in seiner vortrefflich geschriebenen Archäologie dieselbe Methode sehr glücklich befolgt.

Ich habe gewünscht, daß Sie, hochverehrter Freund, einen deutlichen Begriff von meinen Unternehmungen durch mich selbst erhalten möchten. Es ist mir nicht geglückt, das Ganze in Einem Band zusammenzudrängen, und doch würde es in dieser Kürze den großartigsten Eindruck hinterlassen haben. Ich hoffe, daß zwei Bände das Ganze fassen. Keine Note unter dem Texte, aber hinter den Kapiteln Noten, welche ganz ungelesen bleiben können, die aber solide Erudition und mehr Einzelheiten enthalten. Das Ganze ist nicht was man gemeinhin *physikalische Erdbeschreibung* nennt, es begreift Himmel und Erde, alles Geschaffene. Ich hatte vor 15 Jahren angefangen, es französisch zu schreiben, und nannte es Essai sur la Physique du Monde. In Deutschland wollte ich es anfangs *das Buch von der Natur* nennen, wie man dergleichen im Mittelalter von Albertus Magnus hat. Das ist alles aber unbestimmt. Jetzt ist mein Titel: *Kosmos. Entwurf einer physischen Weltbeschreibung von A.v.H. Nach erweiterten Umrissen seiner Vorlesungen in den Jahren 1827 und 1828. Bei Cotta.* Ich wünsche das Wort Kosmos hinzuzufügen, ja die Menschen zu zwingen das Buch so zu nennen, um zu vermeiden, daß man nicht H.'s physische Erdbeschreibung sage, was denn das Ding in die Klasse der Mittersacher'schen Schriften werfen würde. Weltbeschreibung (nach Weltgeschichte geformt) würde man als ungebräuchliches Wort immer mit Erdbeschreibung verwechseln. Ich weiß, daß Kosmos sehr vornehm ist und nicht ohne gewisse Afféterie, aber der Titel sagt mit einem Schlagworte *Himmel und Erde*, und steht der Gäa (dem etwas schlechten Erdbuche von Prof. Zeune, einer wahren Erdbeschreibung) entgegen. Mein Bruder ist auch für den Titel Kosmos, ich habe lange geschwankt.

Nun meine Bitte, theurer Freund! Ich kann es nicht über mich gewinnen, den Anfang meines Manuskripts wegzusenden, ohne Sie anzuflehen, einen kritischen Blick darauf zu werfen. Sie haben ein so großes Talent der anmuthreichsten Schreibart, Sie sind auch so geistreich und unabhängig, daß Sie Formen des Schreibens nicht gradehin zurückstoßen, die individuell sind, und von den Ihrigen abweichen. Lesen Sie gewogentlichst die Rede, und legen Sie ein Blättchen an, auf welches Sie schreiben, ganz ohne Gründe anzugeben: so ... hätte ich lieber statt so ... dieses. Tadeln Sie aber nicht, ohne mir zu helfen. Auch beruhigen Sie mich über den Titel. Mit innigstem Vertrauen Ihr

A.v. Humboldt.

Montags

Die Hauptgebrechen meines Stils sind eine unglückliche Neigung zu allzu dichterischen Formen, eine lange Partizipial-Konstruktion und ein zu großes Konzentriren vielfacher Ansichten, Gefühle in Einem Periodenbau. Ich glaube, daß diese meiner Individualität anhangenden Radikal-Übel durch eine daneben bestehende ernste Einfachheit und Verallgemeinerung (ein Schweben über der Beobachtung, wenn ich eitel so sagen dürfte) gemindert werden. Ein Buch von der Natur muß den Eindruck wie die Natur selbst hervorbringen. Worauf ich aber besonders wie in meinen *Ansichten der Natur* geachtet, und worin meine Manier von Forster und Chateaubriand ganz verschieden ist, ich habe gesucht, immer *wahr* beschreibend, bezeichnend, selbst scientistisch wahr zu sein, ohne in die dürre Region des Wissens zu gelangen.

Humboldt an Varnhagen von Ense

Sonnabend, den 1. Juli 1837.

Morgen Tegel und Montag Abreise nach dem ewigen Quell, bei dem mir der Anblick des Fürsten von Warschau die trübe Seele nicht erheitern wird – es ist mir daher nicht gegeben, Ihnen persönlich meinen innigen Dank darzubringen. Sophie Charlotte und Hegel's Philosophie der Geschichte werden mich begleiten und mir beide ein großer Genuß sein. Aus Gemüth wende ich mich lieber zu Ihnen. Ein Wald von Ideen ist freilich für mich in jenem Hegel, dem Gans so meisterhaft den Karakter seiner großen Individualität gelassen hat, aber für einen Menschen, der, wie ich, insektenartig an den Boden und seine Naturverschiedenheit gebannt ist, wird ein abstraktes Behaupten rein falscher Tatsachen und Ansichten über Amerika und die indische Welt freiheitsraubend und beängstigend. Dabei verkenne ich alles das Großartige nicht.

In Ihnen ist alles tief und milde zugleich, und Sie besitzen was jenem fehlt, die ewige Anmuth und Jugend der Sprache.

A. Humboldt.

Mein Leben habe ich recht schlecht eingerichtet, ich thue alles um recht früh stupide zu werden. Ich thäte gern »Verzicht auf das europäische Rindfleisch,« das Hegel S. 77 so viel besser als das amerikanische fabelt, und lebte neben den schwachen kraftlosen (leider 25 Fuß langen) Krokodilen.

Humboldt an Varnhagen von Ense

Sonntag, den 22. Oktober 1837. Nachts 2 Uhr.

Ich finde nach einem fast achttägigen Aufenthalte in Potsdam, der mich sehr entmuthigt hat, Ihr liebenswürdiges Andenken. Empfangen Sie, verehrter Freund, noch diesen Abend meinen wärmsten Dank; Sie haben an mir gelobt, wonach ich am meisten strebe, nicht fossil zu werden, so lange ich mich noch bewege, und fest an dem Glauben zu halten, »daß die Natur ihren Fluch gehängt hat an das Stillstehen.« Die Jugend ist das Symbol des Fortschreitens, und die, welche jetzt regieren, (die Berliner Weltelephanten) sont des momies en service extraordinaire. Gute Nacht.

A. Humboldt.

Humboldt an Varnhagen von Ense

Berlin, den 31. Juli 1854.

Montag, durch Eisenbahn gedrängt.

In den Vereinigten Staaten ist allerdings viel Liebe für mich erwacht, aber das Ganze gewährt mir dort den traurigen Anblick, daß die Freiheit nur ein Mechanismus im Elemente der Nützlichkeit ist, wenig dort veredelnd, das Geistige und Gemüthliche anregend, was doch der Zweck der politischen Freiheit sein soll. Daher Gleichgültigkeit gegen Sklaverei. Aber die V(ereinigten) St(aaten) sind ein Cartesianischer Wirbel, alles fortreißend, langweilig nivellirend. –

Humboldt an Varnhagen von Ense

Berlin, den 9. Sept. 1858. Nachts

Mein Gehen (ma dêmarche) nimmt an alternder Richtungslosigkeit traurig zu. Hüten Sie sich vor einer so langen Geduld zu leben. Der Ruf nimmt mit der Imbecillität zu, und die Rolle des »theuren Jugendgreises, des würdigen Seniors aller lebenden Gelehrten, Vecchio della montagna« wird eine sehr unbequeme.

Literaturhinweise

1 Alexander von Humboldt. 14. 9. 1769-6. 5. 1859. Gedenkschrift zur 100. Wiederkehr seines Todestages. Hrsg. von der Alexander von Humboldt-Kommission der Deutschen Akademie der Wissenschaften zu Berlin. Berlin 1959.

2 Alexander von Humboldt 1769-1785. Gedenkfeier der Deutschen Akademie der Naturforscher Leopoldina am 14. September 1969 in Halle (Saale). Hrsg. von Georg Uschmann (Acta historica Leopoldina. Abhandlungen aus dem Archiv für Geschichte der Naturforschung und Medizin der deutschen Akademie der Naturforscher Leopoldiana 6).

3 Alexander von Humboldt. Chronologische Übersicht über wichtige Daten seines Lebens. Bearbeitet von Kurt-R. Biermann u.a. [2]Berlin 1983 (Beiträge zur Alexander-Humboldt-Forschung 1).

4 Alexander von Humboldt. Eigene und neue Wertungen der Reisen, Arbeit und Gedankenwelt. Mit Beiträgen von Herbert Wilhelmy, Gerhard Engelmann und Gerhard Hard. Wiesbaden 1970 (Erdkundliches Wissen 23).

5 Alexander von Humboldt. Studien zu seiner universalen Geisteshaltung. Hrsg. von Joachim H. Schultze. Berlin 1959.

6 Alexander von Humboldt. Weltbild und Wirkung auf die Wissenschaften. Hrsg. von Uta Lindgren. Köln/Wien 1990 (Bayreuther historische Kolloquien 4).

7 Alexander von Humboldt. Werk und Weltgeltung. Hrsg. von Heinrich Pfeiffer. München 1969.

8 Alexander von Humboldts Kosmos. Entwurf einer physischen Weltbeschreibung. Mit einer biographischen Einleitung von Bernhard von Cotta, Bd. 1-4. Stuttgart 1870.

9 Alexander von Humboldt's Reise in die Aequinoctial-Gegenden des neuen Continents. In deutscher Bearbeitung von Hermann Hauff ... Einzige von A.v. Humboldt anerkannte Ausgabe in deutscher Sprache. 4 Bde. Stuttgart 1859-1860.

10 Beck, Hanno: Alexander von Humboldt, Bd. 1: Von der Bildungsreise zur Forschungsreise 1769-1804. Wiesbaden 1959.

11 Beck, Hanno: Alexander von Humboldts Amerikanische Reise. Stuttgart 1985.
12 Briefe Alexander's von Humboldt an seinen Bruder Wilhelm. Hrsg. von der Familie von Humboldt in Ottmachau. Stuttgart 1880.
13 Bruhns, Karl C.: Alexander von Humboldt. Eine wissenschaftliche Biographie. Bde. 1-3. [1872]. Osnabrück 1969.
14 Forster, Georg: Ansichten vom Niederrhein, von Brabant Flandern, Holland, England und Frankreich im April, Mai und Junius 1790. Hrsg. von Robert Geerds. Leipzig [o. J.].
15 Gespräche Alexander von Humboldts. Hrsg. von Hanno Beck. Berlin 1959.
16 Goethes Briefwechsel mit Wilhelm und Alexander v. Humboldt. Hrsg. von Ludwig Geiger. Berlin 1909.
17 Herder, Johann Gottfried: Ideen zur Philosophie der Geschichte der Menschheit, 4 Teile, Riga/Leipzig 1784-1791.
18 Humboldt, Alexander von: Ansichten der Natur. Ein Blick in Humboldts Lebenswerk. Ausgewählt und eingeleitet von Herbert Scurla. ³Berlin 1977.
19 Humboldt, Alexander von: Aus meinem Leben. Autobiographische Bekenntnisse. Zusammengest. u. erl. v. Kurt-R. Biermann. Leipzig/Jena/Berlin 1987.
20 Humboldt, Alexander von: Den Geist der Natur ergreifen. Das Werk in Auswahl. München 1959.
21 Humboldt, Alexander von: Die Wiederentdeckung der Neuen Welt. Erstmals zusammengest. aus d. unvollendeten Reisebericht u. d. Reisetagebüchern. Hrsg. von Paul Knut Schäfer. Darmstadt 1992.
22 Humboldt, Alexander von: Lateinamerika am Vorabend der Unabhängigkeitsrevolution. Eine Anthologie von Impressionen und Urteilen, aus seinen Reisetagebüchern zusammengestellt und erläutert durch Margot Faak. Berlin 1982 (Beiträge zur Alexander-von-Humboldt-Forschung 5).
23 Humboldt, Alexander von: Relation historique du Voyage aux Régions équinoxiales du Nouveau Continent, fait en 1799, 1800, 1801, 1802, 1803 et 1804 par Al. de Humboldt et Bonpland. Rédigé par Alexandre de Humboldt. Neudruck des 1814-1825 in

Paris erschienenen vollständigen Originals. Besorgt, eingeleitet und um ein Register vermehrt von Hanno Beck. 3 Bde. Stuttgart 1970 (Quellen und Forschungen zur Geschichte der Geographie und der Reisen 8).
24 Humboldt, Alexander von: Studienausgabe in sieben Bänden. Hrsg. von Hanno Beck. Darmstadt 1989-1997.
25 Humboldt, Alexander von: Versuche über die gereizte Muskel- und Nervenfaser nebst Vermuthungen über den chemischen Prozess des Lebens in der Thier- und Pflanzenwelt. 2 Bde. Posen/Berlin 1797.
26 Kramer, Mario: Alexander von Humboldt. Mensch, Zeit, Werk. Berlin/München o.J.
27 Leitzmann, Albert: Georg und Therese Forster und die Brüder Humboldt. Urkunden und Umrisse 1936.
28 Lühr, Rosemarie: Neuhochdeutsch. Eine Einführung in die Sprachwissenschaft. [5]München 1996 (Uni-Taschenbücher 1349).
29 Lyons, John: Semantik, Bd. 2. Aus dem Englischen übertragen und für den deutschen Leser eingerichtet von Jutta Schust. München 1983.
30 Muthmann, Friedrich: Alexander von Humboldt und sein Naturbild im Spiegel der Goethezeit. Zürich 1955.
31 Peitsch, Helmut: Georg Forsters »Ansichten vom Niederrhein«. Zum Problem des Übergangs vom bürgerlichen Humanismus zum revolutionären Demokratismus. Frankfurt am Main/Bern/Las Vegas 1978 (Europäische Hochschulschriften: Reihe I: Deutsche Literatur und Germanistik 230).
32 Schiller, Friedrich: Werke. Nationalausgabe (NA). Begründet von Julius Petersen. Weimar 1943 ff.
33 Schleucher, Kurt: Alexander von Humboldt. Der Mensch, der Forscher, Schriftsteller. Darmstadt 1985 (Deutsche unter anderen Völkern 11).
34 Schneider, Wilhelm: Stilistische deutsche Grammatik. Die Stilwerte der Wortarten, der Wortstellung und des Satzes. Basel/Freiburg/Wien 1959.
35 Scurla, Herbert: Alexander von Humboldt, Sein Leben und Wirken. Berlin 1955.
36 Vogel, Petra Maria: Wortarten und Wortartenwechsel. Zu Konver-

sion und verwandten Erscheinungen im Deutschen und in anderen Sprachen. Berlin/New York 1996 (Studia Linguistica Germanica 39).

37 F. A. Zimmermann's Humboldt-Buch, 2. Abt.: Selbstbekenntnisse Alexander Humboldt's in Briefen und schriftlichen Mittheilungen so wie weitere Beiträge zu seiner Lebensgeschichte und Charakteristik. [3]Berlin 1959.

*Zeittafel zu Leben und Werk Alexander von Humboldts**

1769 14. September: Geburt Alexander von Humboldts in Berlin.

1777-1787 Erziehung durch Hauslehrer in Tegel, u.a. Kunth und Campe.

1779 6. Januar: Tod seines Vaters, des Majors Alexander Georg von Humboldt.

1787-1788 An der Universität Frankfurt/Oder Studium der Kameralistik; Rückkehr nach Berlin und Privatstudium, Einführung in die Botanik durch Karl Ludwig Willdenow.

1789 25. April: Immatrikulation an der Universität Göttingen.
24. September bis Anfang November: Studienreise mit J. van Geuns von Göttingen über Speyer nach Mainz (zu Georg Forster), dann nach Köln, Pempelfort, Münster und über Kassel zurück nach Göttingen.

1790 *Mineralogische Beobachtungen über einige Basalte am Rhein.*
25. März bis Ende Juli: Reise mit Georg Forster von Mainz über Köln, Brüssel, Amsterdam nach England. Rückreise über das revolutionäre Paris.

1790-1791 August bis April: Studium an der Handelsakademie von J.G. Büsch in Hamburg.

1791 Ende April: Rückkehr nach Berlin.
14. Juni: Beginn des Studiums an der Bergakademie in Freiberg/Sachsen. Freundschaft mit Carl Freiesleben.
Mitte August: Reise mit Freiesleben durch das böhmische Mittelgebirge.

1792 27. Februar: nach Beendigung des Studiums wieder in Berlin. Alexander wird am 6. März zum Assessor im preußischen Bergdienst, am 6. September zum Oberbergmeister ernannt.
22. September: Beginn einer bergmännisch-halurgischen Reise von Bayreuth über München und Salzburg nach Wien von dort nach Breslau und zurück nach Berlin.

* Aus: Alexander von Humboldt: Reise in die Äquinoktial-Gegenden des Neuen Kontinents. Hrsg. von Ottmar Ette. Frankfurt/M., Leipzig 1991, Bd. II, S. 1598-1603.

1793 *Florae Fribergensis specimen.*
Ende Januar bis Ende April in Berlin. Im Juni übernimmt Humboldt als Oberbergmeister die Leitung des Bergbaus in den damals zu Preußen gehörenden fränkischen Fürstentümern Ansbach und Bayreuth.
20. Juni: Ernennung zum Mitglied der Leopoldinisch-Carolinischen Akademie der Naturforscher. Mitte Juli erhält er die Kursächsische Prämienmedaille für Kunst und Wissenschaft in Gold.

1794 1. April: Ernennung zum Bergrat.
8. Mai bis Anfang Juni: bergmännische Besichtigungsreise durch Polen und Böhmen.
12. Juli: Reise in Begleitung des Grafen Hardenberg zum Rhein und nach Brabant. Dienstliche Reisen nach Westfalen, Rheinhessen und in die Eifel. Am 8. November wieder in Bayreuth.
14.-19. Dezember: erster Besuch bei Goethe in Jena.

1795 1. Mai: Beförderung zum Oberbergrat.
Juli bis November: Reise mit wissenschaftlicher Zielsetzung nach Oberitalien, in die Schweizer und französischen Alpen.

1796 Juli: Reise im Auftrag des preußischen Königs zum Befehlshaber der in Württemberg eingerückten französischen Truppen. Am 22. August wieder in Bayreuth.
19. November: Tod seiner Mutter Elisabeth, geb. Colomb.
Humboldt scheidet auf eigenen Wunsch aus dem Staatsdienst aus, um sich nun ganz der Vorbereitung seiner geplanten Forschungsreise zu widmen.

1797 *Versuche über die gereizte Muskel- und Nervenfaser.*
März bis Mai: Alexander in Jena bei seinem Bruder Wilhelm; Intensivierung der Beziehungen zu Goethe und Schiller. Astronomische Studien mit von Zach zur exakten geographischen Ortsbestimmung.
30. Mai: Abreise von Jena über Dresden und Prag nach Wien, wo Humboldt sich von Mitte August bis Mitte Oktober intensiv auf eine Reise in die Tropen vorbereitet. Exkursion nach Ödenburg (Sopron) in Ungarn.

1797-1798 Ende Oktober bis Ende April: Humboldt in Salzburg; Forschungen mit Leopold von Buch, zahlreiche Exkursionen.

1798 24. April: Abreise von Salzburg nach Paris, wo Alexander bis zum 20. Oktober bleibt. Bekanntschaft mit A. Bonpland. Zusammen reisen die beiden nach Marseille, warten vergeblich auf eine Überfahrtsmöglichkeit nach Nordafrika und unternehmen mehrere Exkursionen, u. a. nach Toulon.

15. Dezember: Abreise Bonplands und Humboldts von Marseille nach Spanien.

1799 *Versuche über die chemische Zerlegung des Luftkreises* und *Über die unterirdischen Gasarten.*

Geographische Reise durch Spanien, von Barcelona über Valencia nach Madrid, wo beide am 23. Februar eintreffen. Genehmigung zur Forschungsreise durch die spanischen Kolonien; Abreise von Madrid am 13. Mai.

5. Juni: Humholdt und Bonpland brechen von La Coruña aus mit der »Pizarro« zu ihrer Reise in die Neue Welt auf.

19.-25 Juni: Zwischenlandung auf den Kanarischen Inseln.

16. Juli: Ankunft in Cumaná nach einer Überfahrt von 41 Tagen.

4. September: Aufbruch zu den Missionen der Chaymas-Indianer.

8. November: Überfahrt von Cumaná nach La Guaira, dann Weiterfahrt nach Caracas.

1800 7. Februar: Aufbruch zur Orinoco-Reise. Fahrt über die Katarakte von Atures und Maipures bis zur Grenze der portugiesischen Besitzungen, endgültiger Nachweis und geogr. Ortsbestimmung des Casiquiare, der zuvor umstrittenen Gabelteilung des Orinoco. Rückfahrt den Orinoco hinunter nach Angostura.

10.-23 Juli: Durch die Llanos nach Nueva Barcelona.

24. November bis 19. Dezember: Überfahrt von Nueva Barcelona nach Kuba.

1801 Bis Anfang März erster Aufenthalt Humboldts auf Kuba.

9.-30. März: Überfahrt von Kuba nach Cartagena.

21. April bis 15. Juni: Flußfahrt auf dem Río Magdalena bis Honda.

15. Juni bis 6. Juli: Weiterreise von Honda nach Bogota, wo der Botaniker José Celestino Mutis Humboldt und Bonpland empfängt.

1802 6. Januar bis 21. Oktober: In Quito und Ecuador. Besteigung der Vulkane Pichincha und Chimborazo, letzteren bis ca. 400 m unterhalb des Gipfels.

2. Oktober bis 5. Dezember: In Lima und Umgebung; dann Seereise von Callao über Guayaquil nach Acapulco (Neu-Spanien).

1803 23. März: Ankunft in Neu-Spanien, Reise von Acapulco über Taxco nach Mexico-Stadt. Mehrere Exkursionen, Besteigung des Vulkans Jorullo.

1804 20. Januar bis 7. März: Reise von Mexico-Stadt über Puebla nach Veracruz

7. März bis 29. April: Seereise von Veracruz nach Havanna und zweiter Aufenthalt auf Kuba.

29. April bis 19. Mai: Seereise von Havanna nach Philadelphia. Als Gast von Präsident Jefferson etwa drei Wochen in den Vereinigten Staaten.

9. Juli bis 3. August: Seereise von Philadelphia nach Bordeaux, Ende der Reise in die Neue Welt. Humboldt trifft am 27. August in Paris ein und bleibt dort bis zum März des folgenden Jahres.

1805 19. Februar: Ernennung zum ordentlichen Mitglied der Berliner Akademie der Wissenschaften.

11. März bis Ende Oktober: Reise nach Italien, Besuch seines Bruders Wilhelm, der preußischer Gesandter in Rom ist. Fahrt nach Neapel in Begleitung von Gay-Lussac und Leopold von Buch; Vesuvbesteigungen.

16. November: Nach neunjähriger Abwesenheit ist Humboldt wieder in Berlin. Er bleibt dort bis Mitte November 1807. Beginn der Arbeit an seinem großen amerikanischen Reisewerk *Voyage aux régions équinoxiales du Nouveau Continent.*

1807 *Ideen zu einer Geographie der Pflanzen, nebst einem Naturgemälde der Tropenländer …*

13. November: Humholdt verläßt Berlin. Bis April 1827 behält Humboldt nun seinen festen Wohnsitz in Paris, wo er sich intensiv der Arbeit am Reisewerk und an anderen Veröffentlichungen widmen kann.

1808 *Ansichten der Natur* (Erstausgabe).

1809-1814 *Versuch über den politischen Zustand des Königreichs Neu-Spanien*, in französischer Sprache.

1811 Oktober: Reise nach Wien, zu seinem Bruder Wilhelm, und nach Preßburg.

1814 31. März: Einzug der Verbündeten in Paris. Humboldt dient dem preußischen König als ortskundiger Begleiter und greift mehrfach zugunsten französischer wissenschaftlicher Einrichtungen in Paris ein.

Juni: Wilhelm und Alexander im Gefolge König Friedrich Wilhelms III. in London.

1817 November: Reise nach London.

1818 September: erneut in London, auf der Rückreise im Oktober in Aachen.

1822 September: als Begleiter des preußischen Königs Reise nach Verona; Weiterreise nach Neapel, mehrere Besteigungen des Vesuv.

1823 *Geognostischer Versuch über die Lagerung der Gebirgsarten in beiden Erdhälften*

Auf der Rückreise nach Paris kurzer Aufenthalt im Januar und Februar in Berlin.

1825 Juli: Reise in die Bretagne.

1826 Oktober und November in Berlin.

1827 14. April: Humboldt verläßt Paris, macht einen kurzen Besuch in London und nimmt nun seinen festen Wohnsitz in Berlin.

1827-1828 Sogenannte »Kosmos«-Vorlesungen an der Universität und in der Singakademie zu Berlin.

1828 Juli: Reise nach Teplitz, Abstecher nach Prag. 1830 und dann jährlich zwischen 1832 und 1839 weilt Humboldt in Begleitung des preußischen Königs im Sommer in Teplitz.

September: Leitung der VII. Versammlung der Gesellschaft deutscher Naturforscher und Ärzte in Berlin.

1829 12. April bis 28. Dezember: russisch-sibirische Reise Alexander von Humboldts in Begleitung des Mineralogen Gustav Rose und des Zoologen Christian Gottfried Ehrenberg. Die Reise führt ihn bis zur chinesischen Grenze; er kann damit sein altes Vorhaben einer Asienreise, wenn auch in abgeänderter Form, verwirklichen.

1830 21. Mai: Abreise nach Warschau in Begleitung des preußischen Kronprinzen zur Eröffnung des polnischen Reichstags; Anfang August ist Humboldt wieder in Berlin.

28. September bis Mitte Januar des folgenden Jahres: Humboldt in diplomatischer Mission in Paris. In den folgenden Jahren wird er mehrfach mit diplomatischem Auftrag nach Paris reisen und als Berichterstatter für die preußische Monarchie tätig sein. Folgerichtig galt dem Volksmund der preußische Botschafter in Paris, Baron von Werther, nur als »Gesandter«, Humboldt dagegen als »Geschickter«.

1831 Februar 1831 bis August 1832: längere diplomatische Mission in Paris, die Humboldt wie immer auch für seine eigene wissenschaftlich-literarische Arbeit nutzt. Als Auftakt des russischen Reisewerkes Veröffentlichung der *Fragments de géologie et de climatologie asiatiques*, die noch im selben Jahr in deutscher Sprache erscheinen.

1833 September: Teilnahme an der Naturforscher-Versammlung in Breslau.

1834 August: Reise nach Königsberg und Danzig, am 8. September wieder in Berlin. Beginn der Arbeit am *Kosmos*, die bis an sein Lebensende fortdauern wird.

1835 8. April: Tod Wilhelm von Humboldts.

August bis Dezember: in diplomatischem Auftrag in Paris.

1836 September: Teilnahme an der Naturforscher-Versammlung in Jena.

1837 September: Teilnahme an der 100-Jahr-Feier der Universität Göttingen.

1838 August bis Ende Dezember: in diplomatischem Auftrag in Paris.

1840 1. Juli: Festvortrag vor der Berliner Akademie anläßlich der Jahrhundertfeier der Thronbesteigung Friedrichs II.

August: Reise zur Krönungsfeier Friedrich Wilhelms IV. nach Königsberg, Besuch von Danzig.

8. Dezember: Humboldt wird Mitglied des preußischen Staatsrates.

1841 Mai bis November: erneut in diplomatischer Mission in Paris.

1842 Mitte Januar bis Mitte Februar: im Gefolge des Königs in London.

31. Mai: Humboldt erster Kanzler der von Friedrich Wilhelm IV. gestifteten Friedensklasse des Ordens »Pour le mérite«.

1842 September 1842 bis Mitte Februar 1843: Humboldt in diplomatischem Auftrag in Paris.

1843 erscheint Humboldts großes russisches Reisewerk *Asie Centrale* in Paris.

1845 Januar bis Mai: erneut in diplomatischer Mission in Paris. Der erste Band von *Kosmos. Entwurf einer physischen Weltbeschreibung* (Bd. 2: 1847; Bd. 3: 1850; Bd. 4: 1858; Bd. 5 postum 1862) erscheint.
Juni: im Gefolge des preußischen Königs in Kopenhagen.
August: geologische Exkursion in die Eifel.

1847 Oktober 1847 bis Januar 1848: ein letztes Mal in diplomatischem Auftrag in Paris.

1848 22. März: Humboldt folgt im Trauerzug den Särgen der gefallenen Revolutionäre in Berlin.

1853 Veröffentlichung der *Kleineren Schriften* nebst Atlas.

1857 24. Februar: Humboldt erleidet einen leichten Schlaganfall.

1859 6. Mai: Alexander von Humboldt stirbt in seiner Wohnung in Berlin.
Er wird am 11. Mai im Familiengrab in Tegel beigesetzt.

Quellennachweise

Reiseberichte

Reise in die Äquinoktial-Gegenden des neuen Kontinents; »Schiffbruch« auf dem Orinoco; Ein unseliger Unfall; Die Zerstörung der Wälder; Zitteraale – mit Pferden gefischt; Der Curare-Bericht
Aus: Alexander von Humboldt, Reise in die Äquinoktial-Gegenden des Neuen Kontinents. Herausgegeben von Ottmar Ette. Insel Verlag Frankfurt am Main und Leipzig 1991, 2 Bde., Bd. 1, S. 52ff.; Bd. 1, S. 443f.; Bd. 1 S. 638f.; Bd. 2, S. 750f.; Bd. 2, S. 1180ff.

Das nächtliche Tierleben im Urwalde; Das Hochland von Caxamarca; Ataruipe – die Gruft eines untergegangenen Völkerstammes
Aus: Ansichten der Natur. 2 Bde. Herausgegeben und kommentiert von Hanno Beck. Studienausgabe. Band V, Darmstadt 1987, S. 140-143; S. 158ff.; S. 328-343

Über die Steppen und Wüsten
Aus: Kosmos und Humanität. Alexander von Humboldts Werk in Auswahl. Herausgegeben und eingeleitet von Fritz Kraus. Bremen 1960, S. 15-22, 66-72, 80-86

Über »Central-Asien«
Aus der »Einleitung« Alexander von Humboldts zu seinem Werk über »Central-Asien«. 3 Teile in 2 Bänden, Berlin 1844

Der Rechtsstand der farbigen Menschen
Aus: Alexander von Humboldt, Cuba-Werk. Herausgegeben und kommentiert von Hanno Beck. Darmstadt 1992, Bd. III, S. 64, 80f., 92

»Diese oder jene können sich selbst als Weiße ansehen«
Aus: Alexander von Humboldt, Mexico Werk. Politische Ideen zu Mexico. Mexikanische Landeskunde. Herausgegeben und kommentiert von Hanno Beck. Darmstadt 1991, Bd. IV, S. 222f.

Über den Versuch den Gipfel des Chimborazo zu ersteigen
Aus: Alexander von Humboldt, Kleinere Schriften. Bd. 1. Stuttgart und Tübingen 1853, S. 136-138, 141, 144-146, 147-148, 150, 153-154, 156

Tagebücher

Europäische Kolonien: »Eine unmoralische Idee«, An Bord der Fregatte »El Pizarro«; Santa Cruz auf Teneriffa; »Justiz im Generalkapitanat Caracas«, »Die Mörderin Lemus«, »Ein ungerechter Prozeß«; »Die Wege der Indios«; Antagonismus; »Mit Schaudern fuhren wir den Fels vorüber«; »Keine Hilfe, kein Mitleid, keine Klage«; »Der verlorene Weg«; Die Indios – »diese Sinnesschärfe«; Kulturzustand der Guahibos- und Macos-Indianer; Der Silberschatz; »Totenstille«; »Die Peitsche tanzt auf ihrem Rücken«; »Die Neger vom Congo«; Die Grabkammern des Chimú-Reiches; »Sie ketteten die Indianer zusammen«; »Billard des Inkas«; Die Guanchen; Betrachtungen über Biegsamkeit des Menschl[ichen] Charakters; Willkürherrschaft der Mönche; Über die Llanos; Faulheit und physische Kraft; »Ebenen mit Menschenknochen bedeckt«
Aus: Alexander von Humboldt. Lateinamerika am Vorabend der Unabhängigkeitsrevolution. Eine Anthologie von Impressionen und Urteilen aus seinen Reisetagebüchern zusammengestellt und erläutert durch Margot Faak. Mit einer einleitenden Studie von Manfred Kossok. Berlin 1982

Briefe

An seinen Bruder Wilhelm, 17. 10. 1800, 1. 4. 1801, 17. 4. 1829
Aus: Briefe Alexander's von Humboldt an seinen Bruder Wilhelm. Herausgegeben von der Familie von Humboldt in Ottmachau. Stuttgart 1880

An Karl Ludwig Willdenow, 21. 2. 1801; An Goethe, 3. 1. 1810; An Heinrich Berghaus, 25. 11. 1828
Aus: R. Borch, Alexander von Humboldt. Sein Leben in Selbstzeugnissen, Briefen und Berichten. Berlin 1948

An Dr. Emil Löw
Aus: Adolph Kohut, Alexander von Humboldt und das Judenthum. Ein Beitrag zur Culturgeschichte des neunzehnten Jahrhunderts. Leipzig 1871, S. 175-177

An Varnhagen von Ense, 24. 10. 1834, 1. 7. 1837, 22. 10. 1837, 31. 7. 1854, 9. 9. 1858

Aus: Briefe von Alexander von Humboldt an Varnhagen von Ense aus den Jahren 1827 bis 1858. Nebst Auszügen aus Varnhagen's Tagebüchern, und Briefen von Varnhagen und Andern an Humboldt. Leipzig[2] 1860.

Nachbemerkung des Herausgebers

Die Tagebuchauszüge und Briefe wurden, soweit möglich, nach dem Erstdruck wiedergegeben; die aus dem Französischen übersetzten Tagebucheintragungen sind entsprechend gekennzeichnet. Differenzen in der Orthographie sind auf die unterschiedliche Quellenlage zurückzuführen (genauere Angaben hierzu in den Quellennachweisen).

Für Anregungen, Mitarbeit und Hilfe danke ich vielen, besonders aber den Herren Prof. Dr. Hanno Beck und Andreas Lorenz (Bonn). Die Korrekturen wurden von meiner Frau mitgelesen.

Bonn, März 1999 *Manfred Osten*

Insel Verlag Anton Kippenberg GmbH & Co. KG
Torstraße 44, 10119 Berlin
info@insel-verlag.de
www.insel-verlag.de